Radelträume
Oberbayern

LISA UND WILFRIED BAHNMÜLLER

RADELTRÄUME OBERBAYERN

20 richtig **schöne Touren**
zum **Entdecken** und **Genießen**

BRUCKMANN

HIER GEHT'S HIN

DIE TOUREN

Die Flößerstadt Wolfratshausen an der Loisach

EXTRAS

Sommerfreude am Isarradweg

Ankunft in Salzburg

TRAUMTOUREN DURCH OBERBAYERN

Oberbayerns Landschaften sind vielfältig und unterschiedlich und haben doch eines gemeinsam: Sie sind ein Meisterstück der Natur. So war es das reinste Vergnügen, 20 traumhafte Radtouren für dieses Buch zu entdecken.

Unsere Auswahl ist – so viel gleich vorweg – eine sehr persönliche geworden, denn Oberbayern ist definitiv viel zu groß und zu schön für nur 20 Touren. Also hatten wir neben der Freude auch die Qual der Wahl. Nach sorgfältiger Überlegung haben wir uns für Touren entschieden, die im Alpenvorland liegen. Jede der Touren sollte vor allem eine Bedingung erfüllen: durch eine herausragende und einmalige Landschaft führen. Es spielen sowohl Seen, Flüsse, Blumenwiesen, Aussichten, alte Baumbestände oder interessante geologische Begebenheiten eine wichtige Rolle. Ebenso die Kombination von Kunst und Kultur in Stadt und Land. Es sind Radtouren, bei denen der Spaß und der Genuss niemals zu kurz kommen. Bademöglichkeiten sowie Wirtshaus- und Biergartenempfehlungen runden das Ganze ab.

Fahrzeiten, Höhenangaben, Tourencharakter

Fast alle in diesem Buch beschriebenen Radtouren sind Rundtouren. Der Leistungsbogen ist, was Länge, Höhenmeter und somit Kondition betrifft, sehr breit. Wichtig ist uns, dass man alle Touren mit einer gewissen Grundkondition ohne Probleme nachradeln kann. Mit einem E-Bike ist dies umso einfacher.

Für die Zeitangaben gehen wir von einer Durchschnittsgeschwindigkeit von rund 10 km/h aus. Auf ebener Strecke geht es naturgemäß etwas schneller voran, auf Steigungen dementsprechend langsamer. Die Zeiten für Pausen, Einkehr- oder Besichtigungsstopps sind nicht inkludiert. Aktuelle Öffnungszeiten von Sehenswürdigkeiten oder Ruhetage von Gaststätten sollten Sie vorher am besten nochmals im Internet recherchieren.

Die meisten unserer Radtouren führen über Radwege oder wenig befahrene Nebenstraßen. Der Untergrund ist oftmals nicht geteert und kann deshalb holprig sein. Vor allem nach Regen sind Schlaglöcher gut gefüllt, und bei Auf- und Abfahrten ist besondere Vorsicht geboten.

Rad- und Wanderkarten

Die Karten im Buch reichen zusammen mit der Wegbeschreibung im Text völlig aus, den Weg zu finden. Wer seine Tour verlängern oder auch abkürzen will, sollte aber eine zusätzliche Karte mitnehmen. Egal, ob digital oder klassisch gedruckt: Wir empfehlen Kompass-Karten. Darüber hinaus sind in diesem Buch auch die GPS-Tracks für Sie hinterlegt (siehe S. 189).

Schöne Rastplätze wie hier am Forggensee gibt es überall.

Einkehr und Verpflegung

Wir haben bei jeder Tour, wenn es möglich war, einen Tipp für eine Einkehr angegeben. Durchgehend warme Küche gibt es auf dem Land nicht immer, und manche Gaststätten öffnen erst am Abend. Deswegen packen wir immer zumindest einen Apfel, Durchhaltekekse oder einen Müsliriegel ein und nehmen vor allem reichlich zu trinken mit (Minimum ein Liter pro Person). Oftmals ist die eigene Brotzeit am perfekten Traumplatz sowieso am schönsten.

Ausrüstung

Wir sind die Strecken mit einem Tourenrad gefahren. Ein Rennrad ist eher ungeeignet. Ein robustes Citybike ist auch in Ordnung, genauso wie ein Mountainbike oder E-Bike. Die Touren sind in ihrer Länge so übersichtlich, dass sie mit einem vollgeladenen Akku zu bewältigen sind, deshalb haben wir keine Aufladestationen angegeben.

Die Bekleidung ist natürlich immer von der Jahreszeit und vom Wetter abhängig. Wichtig ist eine gut gepolsterte Radhose. Sie schützt unseren Allerwertesten und ist dabei elastisch genug, um jede Bewegung mitzumachen. Gleichzeitig ist sie aber auch eng genug, damit sich die Hosenbeine nicht in der Kette verheddern. Sehr bewährt hat sich Funktionswäsche für die Oberbekleidung. Sie trocknet leicht und ist atmungsaktiv. Für schattige Abschnitte packen wir auch im Sommer einen Pulli ein. Gut geeignet sind auch sogenannte Windstopper-Jacken; sie halten den Fahrtwind ab, und trotzdem schwitzt man nicht.

Rund um die Wieskirche liegen Moore.

Da man in fast allen Seen und Flüssen baden kann, sollten Sie im Sommer Ihre Badesachen dabeihaben. Außerdem darf man das Fahrradschloss für Stopps nicht vergessen.

Weniger wichtig, aber praktisch sind Handy, Fotokamera, Sonnencreme und eine Brille gegen die Fahrtwindfliegen.

Sicherheit

Beim Fahrradfahren gelten ein paar Regeln, die Unfälle vermeiden helfen. Ein Fahrradhelm gehört dabei zum Pflichtprogramm. Vor dem Start prüft man immer die Bremsen, den Luftdruck, die Reifen und die Lichter. Ein Erste-Hilfe-Notfalltäschchen hat neben einem Ersatzschlauch und einer Luftpumpe sicherlich noch Platz in der Fahrradtasche. Vor allem im Herbst wird es früh dunkel. Im Idealfall funktioniert die Beleuchtung am Rad. Zusätzlich hilft ein Fahrradhelm mit eingebauten Leuchtdioden. Bei feuchter Witterung muss man besonders bei steilen Abfahrten mit rutschiger Fahrbahn rechnen. Überlegtes Fahren ist dann besonders wichtig. In manchen Situationen sollte man lieber schieben. Das gilt übrigens sowohl für Fußgängerbereiche als auch für sensible Natur- oder Wildzonen.

Umwelt und Naturschutz

Alle Ausgangsorte der Touren lassen sich mit öffentlichen Verkehrsmitteln erreichen. Das ist umweltverträglicher und erspart den Blechlawinenstau am Abend.

Keinesfalls dürfen wir abseits der Wege und Pfade oder gar querfeldein radeln. Viele Gebiete befinden sich in Privatbesitz; dort darf man sich nur aufgrund der Toleranz und Duldung der Eigentümer bewegen, und es wäre schade, wenn manche Wege gesperrt werden würden, weil sich einige Radfahrer nicht an die Vorgaben halten. Weidegatter und Zäune sollten auch immer wieder verschlossen und Absperrungen akzeptiert werden. Und Müll gehört, egal in welcher Form, immer mit nach Hause genommen.

Power gesucht!

Manchmal passiert es leider doch, und dann macht Radfahren mit dem E-Bike keinen Spaß mehr: Die Akkuladung neigt sich dem Ende zu. Unser persönlicher Tipp: Zur Hälfte der Tour sollte der Akku noch nicht zur Hälfte leer sein. Wer sich unsicher ist, ob seine Akkuladung reicht, packt auf jeden Fall sein Ladegerät, sprich Kabel samt Spannungswandler, mit ein. Es gibt auch unterwegs manchmal Ladestationen. Außerdem darf man – zumindest unserer Erfahrung nach, seinen Akku fast in jedem Café oder Wirtshaus aufladen, wenn man dort einkehrt und vorher höflich danach gefragt hat. Das Ganze nennt sich dann »Lademöglichkeit bei Verzehr«. Leider gibt es aber Radfahrer, die das als Selbstverständlichkeit voraussetzen. Eine freundliche Frage im Vorfeld vermeidet Missverständnisse.

Anreise

Alle Ausgangsorte der Touren lassen sich mit öffentlichen Verkehrsmitteln erreichen. Das ist umweltverträglicher und erspart den Blechlawinenstau am Abend. Man muss jedoch unbedingt die Regeln für die Fahrradmitnahme bei Nahverkehrszügen beachten. Zum einen ist für das Fahrrad ein separates Fahrradticket zu entwerten (das gibt es online, am Automaten oder beim DB-Reisezentrum). Eine Stellplatzreservierung gibt es im Nahverkehr nicht. Dazu kommen Sperrzeiten für den Radtransport, zum Beispiel während des Berufsverkehrs. Generell gilt leider, dass eine Mitnahme der Fahrräder durch die Bahn, etwa bei großem Andrang, nicht garantiert werden kann.

Für alle die mit dem eigenen Auto anreisen, haben wir versucht, die beste Parkplatzmöglichkeit anzugeben. Fast überall muss man dafür eine Parkgebühr bezahlen. Das nötige Kleingeld sollte man dabeihaben, viele Parkplätze kann man mittlerweile auch digital über eine Park-App am Handy buchen.

Umwelt und Naturschutz

Natürlich gibt es auch ein paar Verhaltensregeln in der Natur. Keinesfalls dürfen wir abseits der Wege und Pfade oder gar querfeldein radeln. Viele Gebiete befinden sich in Privatbesitz; dort darf man sich nur aufgrund der Toleranz und Duldung der Eigentümer bewegen, und es wäre schade, wenn manche Wege gesperrt werden würden, weil sich einige Radfahrer nicht an die Vorgaben halten. Das gilt beispielsweise für schmale Wiesenpfade, die selbstredend immer breiter werden, wenn man nicht auf der Spur bleibt.

Weidegatter und Zäune sollten auch immer wieder verschlossen und Absperrungen akzeptiert werden. Und nicht zuletzt: Der Müll gehört, egal in welcher Form, immer mit nach Hause genommen. Gerade in naturnahen Gebieten sollte man auch vermeiden, in der Dämmerung oder im Dunkeln zu radeln – nicht nur aus Sicherheitsgründen. Die Nacht gehört den Wildtieren, und die sollten ungestört und damit stressfrei in ihrem Habitat leben können.

Seerosen am Bad Bayersoiener See

Landschaft bei Eberfing (Tour 8)

ÜBER UNS

WIR SIND EIN VATER-TOCHTER-GESPANN, beide begeisterte Radfahrer, aber in den seltensten Fällen sind wir gemeinsam unterwegs.

Wilfried, mein Papa, ist mittlerweile ein echter Senior und bevorzugt heute gemütliche kürzere Touren, die er meist gemeinsam mit meiner Mutter unternimmt. Die Höhenmeter spielen für die beiden keine große Rolle, da sie auf E-Bikes umgestiegen sind und – zumindest nach ihren Angaben – jetzt wieder alles radeln können. Trotzdem finden beide weiche Böden, Wurzelwege oder frisch gekieste Feldwege nicht so gut, vor allem, wenn sie plötzlich auftauchen. Definitiv ein Altersschreck, mit dem sie keine Erfahrung machen möchten.

Ich dagegen bin froh, dass ich, neben meiner Familie, eine ganze Armada an radfreudigen Freunden um mich habe. Es ist einfach schöner, wenn man zu zweit unterwegs ist, und natürlich auch einfacher, immer gleich ein passendes Model für Fotos an der Hand zu haben. Ich liebe die Mischung von Kultur und schönen Landschaften, vor allem, wenn Bergblicke »on top« kommen. Außerdem bevorzuge ich Feld- und Forstwege anstelle von Radwegen; Letztere langweilen mich schnell, insbesondere, wenn sie neben befahrenen Straßen verlaufen.

Wir wünschen Euch immer stetigen Rückenwind, niemals einen Platten, keinen Regenschauer und natürlich ganz viel Spaß!

Eure
Lisa und Wilfried Bahnmüller

Unsere Lieblingstour 1

Die Radtour von Wolfratshausen durch die Isarauen nach Geretsried und weiter über Königsdorf und Beuerberg ist eine unserer Lieblingstouren. Und das nicht nur, weil sie direkt vor unserer Haustür liegt. Wir sind die Runde schon mehrmals in zig Variationen mit Verlängerungen und Abkürzungen geradelt, und es wurde niemals langweilig. Immer wieder sind wir begeistert, wie sie sich auch im Wechsel der Jahreszeiten verändert. Und es ist unglaublich, wie viel wir dabei jedes Mal, obwohl es schließlich unsere Heimat ist, neu entdecken. **Tour 9**

DIE HIGHLIGHTS DER TOUR

- Naturjuwel Isarauen
- Kunst im Kloster Beuerberg
- Der stille Loisachkanal
- Cappuccino im Café Servus

Unsere Lieblingstour 2

Wer schon mal mit dem Auto in Garmisch-Partenkirchen war, kennt das Nadelöhr am Ende der Autobahn und die vielen Staus. Deshalb kann man sich kaum vorstellen, dass man auf völlig einsamen Wegen von Ohlstadt nach Garmisch-Partenkirchen radeln kann. Vom Straßenverkehr bekommt man hier nicht viel mit. Und noch viel unglaublicher ist, dass die Strecke – immer entlang der Loisach – doch so vielfältig ist. **Tour 4**

DAS BESTE DARAN

- Mystische Sieben Quellen
- Futuristische Skisprungschanze
- Künstlerhaus Kaulbach-Villa
- Lebendiges Garmisch

Unsere Lieblingstour 3

Durch das Achental südlich des Chiemsees führt eine weitere unserer Lieblingstouren. Hier steht die Landschaft im Vordergrund, und die ist wirklich ein absoluter Traum. Bei kaum einer anderen Radrunde fahren wir über so unterschiedliche Wege. Mal ist es ein Moorweg, mal der Achendamm, dann geht es auf kleinen Wiesenweglein über Feuchtwiesen oder durch einen Wald. Stets haben wir die Berge im Blick. Erst zum Finale hin endet die Radtour am großen Becken des Chiemsees. **Tour 16**

DAS SORGT FÜR UNVERGESSLICHE MOMENTE

- Naturbelassene Kendlmühlfilzen
- Museum Salz & Moor
- Bergsteigerdorf Schleching
- Badestellen an der Tiroler Achen

DAS BESTE DER REGION

Das Alpenvorland in Oberbayern zählt zu den beliebtesten Urlaubsregionen in Deutschland. Aufgrund der eiszeitlichen Moränenhügel, der vielen Seen und Flüsse und einiger Moore ist die Landschaft äußerst vielfältig.

Der Starnberger See, von der Ilkahöhe gesehen

Fünfseengebiet

So nennt man das Land zwischen Starnberger See und Ammersee, es schließt die drei kleinen Seen Pilsensee, Wörthsee und Weßlinger See mit ein und ist eine hügelige Landschaft, deren Formen von den Gletschern der Eiszeit geprägt wurden. Mehrere Naturschutzgebiete sorgen dafür, dass dieses Land aus Wäldern, Mooren und Wiesen erhalten bleibt. Kulturelle Höhepunkte sind unzweifelhaft Dießen und Andechs.

Isar- und Loisachtal

Sie sind seit dem Mittelalter die großen Verbindungsadern von München nach Süden in die Berge und zurück. Damals gab es für die Landrott – Fußgänger, Reiter und Fuhrwerke – alle 30 Kilometer, das entspricht einer Tagesreise, die Möglichkeiten zur Übernachtung, z. B. in Wolfratshausen und Benediktbeuern. Die Wasserrott nutzte die Isar oder Loisach, so war man zumindest flussabwärts etwa doppelt so schnell unterwegs.

Im Werdenfelser Land

Chiemgau und Rupertiwinkel

Namensgeber für das Land zwischen Inn und Salzach nördlich der Alpen sind der alles beherrschende Chiemsee und der heilige Rupertus. Er lebte zwischen 650 und 718, kümmerte sich um die nach dem Abzug der Römer zurückgebliebenen Christen und wurde Schutzpatron des Salzburger Landes. Der Name erinnert noch an die Zeit bis 1816, als im Rahmen der Säkularisation dieses Gebiet westlich der Salzach Bayern zugeschlagen wurde.

Landschaft bei Grabenstätt

TOUREN ZUM TRÄUMEN

Der Badestrand

Am Waginger und Tachinger See – zwei »Badewannen« im Alpenvorland – erleben wir herrliche Stunden. Sie erwärmen sich besonders schnell und halten die Temperatur lange. (Tour 19)

1

STRANDBADALLEE
Bei Waging am See kann man wunderbar baden.

Der Kunstgenuss

Rokoko vom Feinsten – in einzigartiger Harmonie, bei der alle Künstler Hand in Hand gearbeitet haben – brachte der Wies-Kirche die Auszeichnung »Weltkulturerbe«. (Tour 2)

2

UNESCO-WELTERBE
In einer Liga mit Angkor Wat oder Taj Mahal

Die Berge

Grenzüberschreitend radelt man auf dem Weg zu den Isarquellen mitten hinein in die dramatische Felsenwelt des Karwendels und erlebt die Magie der Berge hautnah. (Tour 5)

3

MITTEN IM KARWENDEL
Ein Hauch von Wildnis, Freiheit und Abenteuer

KRÄUTERKUCHEN
MIT PETERSILIE, SCHNITTLAUCH UND FETA

BROTZEIT-TIPP

Dieser leckere Kräuterkuchen sollte auf keinen Fall im Gepäck fehlen. Mit herzhaftem Feta, würzigem Parmesan und frischen Kräutern ist er nicht nur köstlich, sondern auch erfrischend und supersaftig. Er versorgt mit Energie und hebt die Stimmung.

Zubereitungszeit: 15 Minuten
Backzeit: 50–55 Minuten
Für 1 Kastenform (25 cm)

Zutaten

180 g	Mehl (Empfehlung: Dinkelvollkorn- und Weizenmehl)
2 TL	Backpulver
3	Eier
100 ml	Milch
100 ml	Olivenöl
1 TL	Kräutersalz (optional)
1 TL	Salz
½ TL	Pfeffer
150 g	Schafskäse
50 g	Parmesan
1 Bund	Petersilie
1 Bund	Schnittlauch

TRANSPORT: Geschnitten in einer Dose, gewickelt in Butterbrotpapier oder Bienenwachstüchern.

TIPP: Schmeckt auch mit anderen Kräutern, z. B. Basilikum oder Minze. Der Parmesan kann durch Gruyère oder Pecorino ersetzt werden.

Zubereitung

Den Ofen auf 180 °C Ober-/Unterhitze vorheizen.

Die Kräuter waschen und fein hacken. Kurz beiseitestellen.

Mehl und Backpulver miteinander mischen.

In einer anderen Schüssel Eier, Milch, Öl, (Kräutersalz), Salz und Pfeffer verrühren. Die Mischung zum Mehl geben und vermengen, bis eine glatte Masse entsteht.

Den Schafskäse mit der Hand in kleine Würfel brechen, den Parmesan reiben und zusammen mit den Kräutern unter den Teig heben.

Das Ganze in eine gut gefettete oder mit Backpapier ausgekleidete Kastenform geben.

Nun 50–55 Minuten lang backen. Vor dem Verpacken gut auskühlen lassen.

FÜR EINE PANNENFREIE RADTOUR

FAHRRAD-CHECK

Ob Platten, gerissene Kette oder defektes Licht – nichts ist so ärgerlich wie eine Panne auf der Tour. Um stressfrei in die Pedale zu treten, solltest Du Dein Bike im Vorfeld regelmäßig prüfen. Mit unserer Checkliste geht das einfach und schnell.

1. Reifen

- ○ Luftdruck und Ventile prüfen
- ○ Profil checken
- ○ Nach Rissen schauen

TIPP: Angaben zum zulässigen Luftdruck für Deine Reifen stehen zur Orientierung auf der Seitenwand des Reifens.

2. Laufräder

- ○ Beide Räder auf Achter und Schleifgeräusche checken
- ○ Speichen prüfen

TIPP: Fahrrad in den Montageständer hängen oder auf den Sattel stellen. Laufräder mit den Händen drehen und an den Bremsbacken/-scheiben auf Seiten-/Höhenschlag achten.

3. Sattel

- ○ Sattel und Sattelstütze festmachen

TIPP: Dein Sattel hat dann die richtige Höhe, wenn Du Deine Ferse auf das untere Pedal stellst und Dein Knie dabei leicht gebeugt ist.

4. Kette

- ○ Bei Bedarf säubern (mit trockenem Lappen)
- ○ Bei Bedarf schmieren

TIPP: Schalte die Gänge am Anfang der Fahrt alle einmal durch, um das Schmiermittel überall zu verteilen und die Funktion aller Gänge zu testen.

5. Lenker

- ○ Vorderrad zwischen die Beine nehmen und versuchen, den Lenker zu drehen
- ○ Wenn sich der Lenker verdrehen lässt, nachjustieren

6. Bremsen

- ○ Bremsen testen und bei Bedarf nachjustieren
- ○ Bremsbeläge und -züge auf Verschleiß prüfen

E-BIKE **Die Komponenten sind vergleichbar mit den hier gezeigten, der Elektroantrieb bei allen Typen vom Grundprinzip her gleich. In den Tourkarten sind Ladestationen eingezeichnet.**

7. Licht

- ○ Vorder- und Rücklicht testen
- ○ Bei Akkus und Batterien Ersatz mitnehmen
- ○ Reflektoren prüfen

TIPP: Ältere Bowden- und Bremszüge erneuern, um die Bremswirkung zu verbessern.

8. Steuersatz

- ○ Vorderbremse ziehen und dabei den Lenker leicht vor- und zurückrütteln
- ○ Bei »Spiel« zwischen Rahmen und Gabel nachjustieren

Schrauben

- ○ Ganzes Fahrrad auf lockere Stellen prüfen
- ○ Bei Bedarf nachjustieren

TIPP: Am wichtigsten sind Lenker, Vorbau, Bremsen, Sattel und Pedale. Schrauben eventuell mit »Loctite mittelfest« fixieren.

Ausrüstung on tour

- ○ Helm
- ○ Multitool-Werkzeug
- ○ Flickzeug
- ○ Pumpe
- ○ Ersatzzüge für Bremse und Schaltung
- ○ Hochwertiges Fahrradschloss

TIPP: Mit einem Ersatzschlauch spart man sich das Flicken unterwegs.

Rastplatz am Illersbergsee mit Blick auf die Ammergauer Alpen (Tour 1)

1

DER KLASSIKER IM LAND DES MÄRCHENKÖNIGS

RUND UM DEN FORGGENSEE

So, wie auf dieser Radrunde, hat der Märchenkönig Ludwig II. sein Land nie gesehen, denn damals gab es den Forggensee noch gar nicht. Aber wenn er gewusst hätte, wie harmonisch und natürlich er sich in die Ostallgäuer Landschaft einfügt, dann hätte er ihn sicherlich erfunden und bauen lassen. Landschaftlich ist dies nämlich kaum noch zu toppen. Stets hat man die Berge, das Schloss Neuschwanstein und das Wasser im Blick. Diese Radtour ist wahrhaftig ein Traum und mittlerweile ein Klassiker. Die Landschaft spielt die Hauptrolle; dagegen sind (außer der Stadt Füssen) die Dörfer entlang der Strecke eher zur Nebenrolle verdonnert. Wir umrunden den Forggensee gegen den Uhrzeigersinn. Das hat den Vorteil, dass einige der Einkehrmöglichkeiten in der zweiten Hälfte der Runde liegen. Aber sicherlich ist die umgekehrte Richtung auch möglich. Die Badesachen gehören während der Sommermonate unbedingt eingepackt.

1

KM 4,3

WALTENHOFEN

Dorf am Ostufer des Forggensees

2

KM 9,5

HERGRATSRIEDER WEIHER

Postkartenidyll mit eigenem Gewässer

3

KM 15

ILLASBERGSEE

Beste Badestelle am Nordufer

Da braut sich über dem Forggensee ein Gewitter zusammen.

4

KM 18

KRAFTWERK ROSSHAUPTEN

Die Zähmung eines Widerspenstigen

5

KM 24,5

DRACHENSCHLUCHT

Einst Wandermönch, dann Heiliger

6

KM 33

FÜSSEN

Die bischöfliche Residenzstadt

Wenn das Wasser des Forggensees abgelassen wird, taucht die Via Claudia auf.

KM 4,3

Wir starten am Bahnhof in Füssen und radeln auf der Bahnhofstraße nach Osten in Richtung Altstadt. Am Kreisverkehr geht es geradeaus in die Straße am Kaiser-Maximilian-Platz, die zur Sebastianstraße wird. An der Stadtmauer beginnt ein Radweg zum Lech. Dort fahren wir nicht über den Lechsteg, sondern unterqueren die große Autostraße nach links und radeln minimal lechabwärts zum Stauwerk. Hier überqueren wir den Lech und biegen dann links in den Forchenweg ein. Nun folgen wir stets der Radwegbeschilderung »Forggenseerunde« bzw. »Waltenhofen« über Horn bis Waltenhofen am Ostufer des Sees.

1 **Waltenhofen** ist eigentlich nur ein Ortsteil von Schwangau, aber eines der wenigen Dörfer, die direkt am Forggensee liegen. Der Ort hatte Glück, dass man von der ursprünglich geplanten Stauhöhe, die drei Meter höher lag, abkam, denn ansonsten wäre hier eine Umsiedlung nötig gewesen. Ziemlich nah am Ufer von Waltenhofen verläuft das Hauptflussbett des Lechs durch den Forggensee. Deshalb gibt es hier immer etwas Strömung im Wasser. Zudem haben sich durch die mitgeschwemmten Sedimente ein paar kleine Inseln entwickelt. Außerdem liegt etwas südlich des Ortes die Königliche Kristall-Therme, ein Wellnesskomplex, den wir uns für nach der Tour merken können.

TRAUMHAFT

Pause mit Seeblick

Für eine Einkehr mit fantastischem Seeblick lohnen sich der Panorama-Stadl über dem Illasbergsee oder das Café Maria, das ziemlich einsam direkt am Forggenseeufer liegt.

KM 9,5

Direkt nach Waltenhofen teilt sich der Weg. Ganz links, entlang des Ufers, ist er nur für Fußgänger freigegeben. Mit dem Rad können wir einen der beiden anderen wählen, sie führen beide nach Brunnen. Dort rechts und dann links über die Mühlberger Ach, weiter nach Norden. Jetzt wird es hügelig. Eine erste Pause gönnen wir uns am idyllischen Hergratsrieder Weiher.

Kapelle am Hergratsrieder Weiher

2 **Der Hergratsrieder Weiher** lädt zum Baden ein. Die etwas erhöht gelegene Kapelle neben dem Bauernhof ist ein echter Foto-Hotspot und ziert unzählige Bayernkalender. Das Besondere am See sind aber seine geschützten Uferbereiche. Gerade am nördlichen Ende, wo der kleine Bach in den See mäandert, wachsen im Frühjahr unendlich viele Mehlprimeln, Enziane und Sumpfdotterblumen – ein artenreiches Biotop auf kleinstem Raum!

KM 15

Nach Norden geht es immer weiter aufwärts über Greith, bis wir an die große Straße bei Rauhenbichl stoßen. Tolle Aussichten entschädigen die Mühe. Wir folgen dem Radweg nach links. Gleich hinter Kniebis heißt es bremsen, denn wir rollen die vorher gewonnenen Höhenmeter abwärts und erreichen den Illasbergsee.

3 **Der Illasbergsee** ist eigentlich nur eine Bucht, die durch eine Engstelle mit dem Forggensee verbunden ist. Ein großes Badegelände mit Liegewiesen und Kiosk zeigt, wie gut man hier im Sommer ins Wasser springen kann. Dahinter steigt der Radweg wieder an, und wir erreichen einen der schönsten Aussichtspunkte am Forggensee. Rund um den Panorama-Stadl, der ideal für eine Pause ist, blickt man über das Wasser auf die nahen Allgäuer Berge und fühlt sich wahrlich königlich.

Türkises Wasser in der Drachenschlucht

Wer kann, sollte diese Radtour lieber nicht an einem Wochenende unternehmen – die Strecke ist beliebt.

Ruderboote zum Ausleihen

KM 18

Vom Aussichtspunkt rollen wir hinunter zum großen Damm am Kraftwerk Roßhaupten, wo der Lech den Forggensee wieder verlässt. Deutlich erkennt man, um wie viel tiefer das eigentliche Flussbett, das sich rechts der Straße befindet, liegt.

4 Kraftwerk Roßhaupten Der Lech bildet den Forggensee, für den er bei Füssen aufgestaut wird. Bis dorthin darf sich der Fluss austoben, denn nur in Österreich und das kurze Stück nach Füssen hat er den Charakter eines Wildflusses. Ab dem Stauwerk Roßhaupten ist es gänzlich mit dieser Freiheit vorbei. Bis zu seiner Mündung bei Rain in die Donau folgen 30 Kraftwerke und 24 Stauseen. Wobei man zugeben muss, dass an der Stelle, an der heute der Forggensee liegt, bereits nach der letzten Eiszeit ein See, der Füssener See, entstanden ist, der zumindest den Rahmen für den späteren Stausee vorgegeben hat. Dieser wurde zwischen 1950 und 1954 erbaut und aufgestaut. Viele Häuser wurden abgerissen, landwirtschaftliche Nutzfläche ging verloren und auch einige Denkmäler, darunter die römische Via Claudia Augusta wurden geflutet.

In Füssen kann man noch den Lechfall bestaunen.

Radlspaß am Illasbergsee

KM 24,5

Vorbei an den Römerstelen, die auf die alte römische Straße Via Claudia aufmerksam machen, geht es an den Ortsrand von Roßhaupten. Noch vor der großen B16 biegen wir links in den Radweg ein, der uns nun in südlicher Richtung zurückführt. Bald queren wir auf der Tiefentalbrücke den Bernmoosbach, zu dem Einheimische auch »Drachenschlucht« sagen.

5 **Die Drachenschlucht** geht auf eine Legende des heiligen Magnus zurück, der bis heute vor allem im Allgäu verehrt wird. Gelebt hat der Heilige im 8. Jahrhundert und zählt aller Wahrscheinlichkeit nach zu den iroschottischen Missionaren, die das Christentum in Mitteleuropa erneuerten. Denn nach dem Zusammenbruch der römischen Herrschaft nördlich der Alpen war auch das Christentum weitgehend verloren gegangen. Magnus kam, wahrscheinlich über das Kloster St. Gallen, ins Allgäu. Den Geschichten nach vertrieb er an vielen Orten, nur mit Wanderstab und Kreuz bewaffnet, Schlangen, Dämonen und Ungeheuer, die alle symbolisch als Bild für den Unglauben standen. So auch in Roßhaupten, wo er die Bewohner von einem bösen Drachen befreit haben soll. Deshalb ist das Attribut des heiligen Magnus ein Drache. Seine Arbeit scheint übrigens erfolgreich gewesen zu sein, denn er erhielt vom fränkischen König Pippin Land, um ein Kloster zu gründen. Dieses hatte als Kloster Sankt Mang in Füssen bis zur Säkularisation im Jahr 1802 Bestand und lässt sich sicherlich am Ende der Tour besichtigen. Vorerst müssen wir uns aber mit dem schönen Drachen neben der Straße begnügen.

Füssens »gute Stube« – die Reichenstraße

Bei Füssen sollten Sie unbedingt den beachtlichen Lechfall bestaunen, zu dem es auch eine Heiligenlegende gibt.

TRAUMHAFT

BUNTE WIESEN

Herrlich sind die vielen grünen Höhenrücken, auch »Drumlins« genannt – ein Überbleibsel des Lechgletschers aus der letzten Eiszeit und im Frühjahr ein Traum mit gigantischem Blütenkleid.

KM 33

Kurz nach der Brücke biegen wir links ein, um nicht der B16 auf dem Radweg folgen zu müssen, sondern näher am Wasser zu fahren. So radeln wir über Dietringen und Osterreinen mal näher, mal weiter vom See entfernt nach Süden. Abwärts geht es hinunter zum Café Maria und dann malerisch am Uferweg weiter. Nach Ehrwang kann, wer möchte, das große Festspielhaus besuchen. Am Ende der Parkanlage halten wir uns links und fahren dann in der langen Weidachstraße, die ganz zum Schluss zur Hochstiftstraße wird, nach Füssen hinein. Wir erreichen die Altstadt wieder an der Stadtmauer. Nach rechts geht es zum Bahnhof zurück.

6 **Füssen** gehört unbedingt besichtigt. Es lohnt sich, die Räder abzustellen und durch die Gassen zu bummeln. Die Stadt besitzt ein ganz eigenes Flair mit einem äußerst quirligen Zentrum. Vor 2000 Jahren war Füssen ein Militärlager, mit dem die Römer vom Schlossberg aus ihre Via Claudia Augusta, die wichtigste Handelsstraße zwischen Nord und Süd, kontrollierten. Und diese Via Claudia gibt es in Füssen heute noch. Es ist die Reichenstraße, das Zentrum und die gute Stube der Stadt. Sie liegt unter dem Hohen Schloss, das sich die Augsburger Bischöfe Ende des 15. Jahrhunderts errichten ließen. Heute beherbergt es ein Zweigmuseum der Bayerischen Staatsgemäldesammlung. Sehenswert ist außerdem das alte Kloster St. Mang, das in seinen Wurzeln bis in die Zeit um 750 zurückreicht.

Auf einen Blick

33 km
350 Hm
3,5 Std.
mittel

Ausgangs-/Endpunkt Füssen Bahnhof

Anfahrt Auto: A7 oder B16 nach Füssen, Parkplätze am Parkplatz Morisse, Kemptener Straße; Bahn/Bus: DB nach Füssen

Wegbeschaffenheit Fast über die gesamte Strecke radelt man auf Radwegen, teils geteert, teils ungeteert. Leicht hügelig.

2

AM FUSSE DES AMMERGEBIRGES

VON BAD KOHLGRUB ZUR WIESKIRCHE

Links und rechts der Ammer liegen kleine Moorgebiete, sanfte Moränenhügel und weite einsame Wälder. Das ist erstaunlich, denn auf dem Weg zur berühmten Wieskirche würde man mehr Rummel vermuten. Die Gegend am Fuße des Ammergebirges liebte schon König Ludwig II., dessen Vorliebe für Rückzugsorte bekannt ist. Für diese Rundtour sollte man unbedingt etwas Zeit mitbringen, denn die UNESCO-geschützte Wieskirche wollen wir uns genau ansehen. Auch ist etwas Orientierungssinn während der Radtour gefragt. Wir verlassen manchmal ganz bewusst den ausgeschilderten Radweg, um möglichst wenig Straßenverkehr und dafür noch mehr schöne Landschaften zu erleben. An einer Stelle ist sogar eine Fahrt durch eine seichte Furt nötig – wirklich sehr einfach, nur bei Hochwasser ist das nicht möglich.

1

KM 7,5

BAD BAYERSOIEN

Naturidyll und Badeweiher

2

KM 11

ECHELSBACHER BRÜCKE

Über die Ammerschlucht

3

KM 21

WIESKIRCHE

Versteckte Wege zur Wies

4

KM 24

KÖNIGSSTRASSE

Einsam am Fuße der Berge

Bei Scheibum entpuppt sich die Ammer als Wildfluss.

5

KM 34,2

KAMMERL

Historisches E-Werk an der Ammer

6

KM 37,2

SAULGRUB

Erstmals erwähnt um 1280

7

KM 43

BAD KOHLGRUB

Deutschlands höchstes Moorbad

Hinter der Wieskirche ragen die Trauchgauer Berge in den Himmel.

KM 7,5

Wir starten am Bahnhof in Bad Kohlgrub und radeln auf der Bahnhofstraße zur großen Hauptstraße, der wir nach rechts folgen. Vorbei an der Kirche, verlassen wir die Hauptstraße rechts in die St.-Rochus-Straße. Über die Bahngleise, dann links zur Kapelle St. Rochus und hinter dem Gotteshaus rechts. An der nächsten Kreuzung links, weiter in Fahrtrichtung und erneut links, der Radwegbeschilderung nach. Wenige Meter später verlassen wir diese und halten uns erneut links Richtung Hinterkehr. Beim letzten Bauernhof werden wir in einer Linkskurve um die Stallungen geführt. Dahinter geht es auf einem Feldweg aufwärts und mit schöner Aussicht zur großen Umgehungsstraße. Wir queren sie vorsichtig und folgen dann erst rechts dem Radweg, dann geht es wieder rechts durch eine Unterführung und nun immer geradeaus nach Bad Bayersoien.

1 Bad Bayersoien Der kleine Kurort ist vor allem für seinen Moorsee bekannt. Er eignet sich hervorragend für eine erste Verschnaufpause, zum Baden oder für den Barfußpfad um den See. Im Ort gibt es einen Dorfladen, wo wir uns noch mit einer Brotzeit für unterwegs eindecken können.

i-TÜPFELCHEN

TRAUMPLÄTZE

Richtige Sandbänke gibt es an der Ammerbrücke am Kraftwerk Kammerl – ideal für eine Pause und/oder für eine kleine Kneipp-Tretkur im Wasser der Ammer.

KM 11

Durch Bad Bayersoien radeln wir auf der Hauptstraße weiter und biegen am Marienbrunnen links in die Ludwigstraße (Schild »Rottenbuch«) ab. Auf der anderen Seite der B23 halten wir uns rechts und radeln, der Radwegbeschilderung folgend, durch Gschwendt mit seiner hübschen Holzkapelle und durch Echelsbach, das der großen Brücke über die Ammer ihren Namen gegeben hat. Kurz darauf geht es in einer Schleife hinauf zur Echelsbacher Brücke.

2 Echelsbacher Brücke Schon auf dem Weg zur Brücke konnten wir tief unten die Ammerschlucht und ihre Steilwände sehen. Wenn wir über die Brücke schieben, wird dieser Tiefblick noch viel besser. Es gibt zum Glück einen schmalen Brückenbereich, der Fußgängern und Radfahrern vorbehalten ist. So können wir in Ruhe anhalten und auf die wild fließende Ammer blicken, die über 70 Meter unter uns rauscht. Die Brücke selbst ist ein geschütztes Industriedenkmal. Sie wurde 1929 errichtet und hat eine Bogenspannweite von 130 Metern.

Eine Kapelle bei Echelsbach

KM 21

Am großen Kreisverkehr auf der anderen Seite ignorieren wir wieder das Radwegschild, um nicht an der viel befahrenen Straße nach Wildsteig zu radeln. Stattdessen biegen wir ganz nach links in den Schleifmühlenweg und rollen durch die Bauernhöfe von Berg. An der nächsten Weggabelung folgen wir links den Hinweisschildern nach Wildsteig. Durch ein kleines Waldstück, vorbei an zwei einsamen Häusern, queren wir einen Bach, und schon geht es wieder aufwärts auf eine Wiese. Dort teilt sich der Weg. Wir schalten die Gänge runter und die Akkuleistung nach oben, halten uns rechts, folgen dem holprigen Feldweg aufwärts und erreichen die kleine Landstraße am Schwaigsee. Links nach Morgenbach radeln, dort nach dem Gasthof Mühlegger rechts einbiegen und der Radwegbeschilderung erst nach Wildsteig und dann zur Wieskirche folgen. Im Zickzack werden wir durch den Ort und die Feuchtwiesen gelotst, bis völlig unvermittelt hinter dem Weiler Schwarzenbach die prächtige Kirche auftaucht.

Mit dem E-Bike kann man gegenüber vom Schwaigsee für einen Abstecher auf die Schönegger Käsealm radeln.

3 **Der Bau der Wieskirche** geht auf ein Wunder vom 14. Juni 1738 zurück. Eine Bäuerin, so die Legende, bemerkte in den Augenwinkeln einer Christusfigur Tränen und hielt das für einen heiligen Gnadenfluss. Das Tränenwunder zog schnell Gläubige von nah und fern an, die zu dieser Figur pilgerten; eine große Wallfahrtsbewegung entstand. Eine kleine, 1740 erbaute Feldkapelle reichte bald nicht mehr aus, eine neue, große Kirche musste her. Im Konkurrenzkampf mit anderen Wallfahrtsstätten entschloss sich der Abt des Steingadener Klosters, eine Kirche zu bauen, die prächtiger und schöner als alle anderen sein sollte. Dafür verpflichtete er die besten Künstler seiner Zeit wie die Gebrüder Zimmermann oder den Bildhauer Anton Sturm. Entstanden ist ein einmaliges Rokokokunstwerk, das sich in seiner ganzen Schönheit mit nichts vergleichen lässt.

KM 24

Weiter radeln wir auf der kleinen Straße in südliche Richtung (Radwegschild »Resle«). Bald geht es in den Wald, an einer Lichtung halten wir uns links und passieren die Bauernhöfe von Resle. Wieder im Wald, treffen wir kurz darauf auf die quer verlaufende Königsstraße, in die wir links einbiegen (Schild »Altenau«).

4 **Die Königsstraße** verbindet Altenau und Trauchgau und erhielt ihren Namen durch König Ludwig II. Ihm gehörte ein kleines Jagdhaus bei Unternogg. Außerdem fuhr er auf dieser Straße mit seiner Kutsche von München nach Neuschwanstein und Hohenschwangau. Für uns ist die Königsstraße wirklich majestätisch. Völlig still ist es in dem weit abgelegenen Wald mit artenreichem Baumbestand. Manchmal queren wir eine Almwiese, auf der im Sommer Kälber grasen.

Der Kirchenlehrer Augustinus ist durch sein flammendes Herz erkennbar.

Natur pur erleben wir auf der Königsstraße.

KM 34,2

Die Königsstraße ist bis auf uns Radfahrer sehr einsam. Über den seichten Lähnbach mit seinem Geröll schieben wir hinüber. Der Untergrund ist jedoch gut befestigt, wir müssen nicht einmal die Schuhe ausziehen. Dann erreichen wir einen Wanderparkplatz an einem Wegdreieck unweit der Halbammer. Für wenige Meter biegen wir rechts ein (Richtung Unternogg) und gleich wieder links in den nächsten Forstweg (verbeultes Wanderschild »Kammerl«). Erneut sind wir einsam im Wald unterwegs. Im leichten Auf und Ab und über einige Kurven erreichen wir den Kanal, in dem das Wasser aus der Halbammer zum Kraftwerk geleitet wird. Jetzt nur noch über den Kanal und dann links.

5 Kammerl Das historische Elektrizitätswerk an der Ammer war ein Laufwasserkraftwerk, das ab 1905 die Ammergaubahn mit Strom versorgte, bis es 2013 stillgelegt wurde. Gleich daneben wurde jetzt ein neues Kraftwerk mit höherer Leistung gebaut, das immer noch die Wasserkraft nutzt, aber keinen Bahnstrom mehr erzeugt. Wenn wir hinter dem Kraftwerk die Ammer queren, können wir meist einige Kajakfahrer beobachten, die eine Pause einlegen, bevor sie in die Ammerschlucht fahren. Das Gebiet wird »Scheibum« genannt. Der Name stammt von den scheibenförmigen Vertiefungen, die Steine durch Wasserwirbel in den Untergrund gefräst haben. Wer den großen Felsdurchbruch sehen möchte, lässt die Räder kurz stehen und wandert ein Stückchen flussabwärts.

Der Schwaigsee ist ein Moorsee.

Der Schwaigsee ist perfekt für eine (Bade-)Pause. Im Sommer gibt es am Kiosk Eis oder ein kühles Getränk.

TRAUMHAFT

GUTEN APPETIT!

Direkt an der Wieskirche wird man im Gasthof Schweiger oder im Gasthof Moser bestens kulinarisch versorgt. Beide sind definitiv keine »Touristenfallen«!

KM 37,2

Gut, wenn wir eine Pause eingelegt haben, denn hinter der Brücke geht es sehr steil bergauf zum Gut Acheleschwaig. Wer Hunger hat, kann dort das Wirtshaus Acheleschwaig (geöffnet Samstag bis Montag) besuchen. An der Kapelle folgen wir der kleinen Straße nach rechts und kommen fast eben am Rand der großen Gschwenderfilz vorbei nach Saulgrub.

6 **Saulgrub** wird von der Kirche St. Franziskus überragt, die exponiert auf einem Hügel über dem Dorf liegt. Ihr Inneres ist einheitlich im Stil der Neugotik gestaltet. In der Ortsmitte direkt an der Hauptstraße liegt der Gasthof zur Post, der, bis auf dienstags, täglich geöffnet hat und uns mit sehr guter bayerischer Küche und großen Portionen verwöhnt.

KM 43

An der großen Hauptstraße in Saulgrub widersetzen wir uns erneut der Radwegbeschilderung nach Bad Kohlgrub und radeln stattdessen nach rechts. Wir queren die Gleise und biegen links in den Kraggenauer Weg ein (Bad Kohlgrub ist jetzt wieder ausgeschildert). Über die B23 geht es nach Kraggenau, dort links und nochmals bergauf bis Bad Kohlgrub. Links an der evangelischen Kirche vorbei bringt uns die Badstraße zur Hauptstraße im Ort. Nun nur noch nach rechts und zurück zu unserem Ausgangspunkt.

7 **Bad Kohlgrub** liegt am Fuß des Hörnle und ist vor allem für seine Moorkuren bekannt. Hinter dem Rathaus liegt ein schöner Kurgarten, es gibt aber auch einen netten Moorlehrpfad hinter der Rochuskapelle. Zum Einkehren ist das Café wohlig in der Hauptstraße unser Favorit.

AUF EINEN BLICK

Ausgangs-/Endpunkt Bad Kohlgrub Bahnhof

Anfahrt Auto: B23 nach Bad Kohlgrub, Parken am Parkplatz Kurhaus/Bahnhof; Bahn/Bus: DB nach Bad Kohlgrub

Wegbeschaffenheit Ziemlich hügelige Radtour auf Rad- oder Feldwegen und einigen Nebenstraßen; hier ist ein wenig Orientierungssinn gefragt.

42 km · 450 Hm · 4 Std. · schwer

3

AUF MOTIVSUCHE DES BLAUEN REITERS

DURCH DAS MURNAUER MOOS

Das Murnauer Moos ist das größte zusammenhängende Moorgebiet Mitteleuropas. Ein artenreiches Naturjuwel, umfasst es doch eine vielfältige Landschaft mit Quellen, Bächen und Flüssen, Streuwiesen, Nieder- und Übergangsmooren sowie Hochmooren. Seit 1980 steht es unter Naturschutz. Anfang des 20. Jahrhunderts entdeckten Künstler aus aller Welt Murnau und die umliegende Landschaft, darunter Gabriele Münter und Wassily Kandinsky, Mitbegründer der Künstlervereinigung »Der Blaue Reiter«. Der Ort wurde zum Zentrum der expressionistischen Malerei und ist in die Kunstgeschichte eingegangen. Wer von den Anhöhen über dem Gasthof Ähndl auf das Murnauer Moos blickt, versteht, warum die Maler das Blau in ihren Bildern so hervorgehoben haben. Über dem Moor schwebt das wabernde Blaugrau der aufgeheizten Luft, das im Hintergrund in die dunkelblauen Berghänge des Werdenfelser Landes übergeht. Und über allem hängt ein weiß-blauer Himmel, perfekt für eine Erkundungstour durch diese inspirierende Landschaft.

1

KM 3

BEIM ÄHNDL

Am Rand des Murnauer Mooses

2

KM 10,4

MOORWEIHER UND BIOTOP

Artenreichtum im Murnauer Moos

3

KM 12

GRAFENASCHAU

Aber bitte mit Sahne!

Der Moorweiher verändert sich je nach Jahreszeit und Wasserstand

4

KM 16,4

LANGER KÖCHEL

So schön kann ein Steinbruch sein

5

KM 22

LOISACH RADWEG

Entspannt entlang des Flusses

6

KM 31

MURNAU

Lebendiger Markt mit langer Geschichte

Hochgiftig, aber wunderschön sind die Blüten der Herbstzeitlose.

KM 3

Wir starten in Murnau am Bahnhof und halten uns gleich ganz rechts. Am südlichen Ende des Parkplatzes beginnt ein Radweg, der links auf einer Brücke die Straße quert. Dann rechts und erneut auf einer Brücke über die B2. Dahinter rechts auf dem Ödön-von-Horvath Weg durch den Kurpark in den Kurweg, dann rechts in die Mühlstraße. Bergab führt sie an den Ortsrand, rechts in die Ramsachstraße und auf ihr abwärts zum Ähndl am Rand des Murnauer Mooses.

Blaues Licht im Murnauer Moos

1 Beim Ähndl So nennt man zum einen das kleine Ramschkirchlein genauso wie zum anderen das daneben liegende Gasthaus. Mächtige Kastanien zieren den Biergarten, und die Aussicht scheint selbst die Küche noch übertrumpfen zu wollen (www.aehndl.de).

TRAUMHAFT

FARBENPRACHT

Besonders im Frühsommer schimmern die Moorwiesen bei Murnau in Blau und Lila. Überall wachsen blaue Iris und lila Knabenkrautgewächse und zaubern diese Farbenpracht.

KM 10,4

Unterhalb von Kirche und Gasthaus biegen wir links über eine Brücke und folgen dem Moosrundweg nach rechts. Immer auf dem Hauptweg bleibend, geht es nun durch das Moor. Erst am Moorweiher, zu dem ein kurzer Abstecher führt, machen wir kurz Rast.

Murnau Werdenfelser Kühe sind selten.

2 **Der Moorweiher** heißt offiziell Biotop »Am Lindenbach«. Dort gibt es einen kleinen Unterstand, der uns Traumaussichten über das Moos auf die Zugspitze und die Berge rund um das Ettaler Mandl liefert. Einige wenige knorrige Bäume trotzen dem sauren Moorboden, und wir freuen uns über die vielen auf dem Wasser tanzenden Libellen. Das Murnauer Moos ist für seinen Artenreichtum bekannt. Mehr als 800 Pflanzenarten wurden gezählt, über 150 davon stehen auf der roten Liste, darunter Wiesenbrüter wie Wachtelkönig, Karmingimpel oder Großer Brachvogel, die man mit einem Fernglas und etwas Geduld auf den Moorwiesen entdecken kann. Deswegen sind auch die meisten Pfade im Moos für Fußgänger gesperrt.

Kleine Inseln sind ideal für Vögel.

KM 12

Unserem Moorrundweg weiter folgend, treffen wir auf eine Autostraße, in die wir nach links einbiegen. So erreichen wir Grafenaschau.

3 **In Grafenaschau** verführt uns das Café Habersetzer zu einer Pause. Auf der Terrasse mit Blick auf die Berge schmecken die hausgemachten Kuchen und Torten gleich doppelt so gut. Dort fällt uns auch die auffällig freie Fläche am Berghang auf. 2015 gab es hier nach einem Hochwasser einen verheerenden Erdrutsch. Das liegt am besonderen Untergrund des Berges, der aus Flysch besteht. Wasser verwandelt diesen in einen flüssigen Brei, der schließlich alles mitreißt, was ihm in die Quere kommt. Auf unserem weiteren Weg kommen wir dem Erdrutsch noch recht nahe. Grafenaschau selbst ist ein kleiner Weiler, der einst für seine Glasherstellung bekannt war. Dazu gibt es einen Rundweg für Fußgänger.

KM 16,4

Nach der Pause setzen wir unsere Fahrt durch Grafenaschau fort und folgen zunächst der Beschilderung nach Eschenlohe. Unser Weg führt im leichten Auf und Ab relativ nah am Fuß der Ammergauer Alpen entlang. Dann müssen wir aufpassen, um die nächste Abzweigung nicht zu übersehen. Etwa drei Kilometer nach Grafenaschau biegen wir links in einen Feldweg ein. Die Stelle ist zwar nicht beschildert, aber es ist der einzige etwas größere Feldweg, der hier abzweigt. Er führt fast schnurgerade auf den Langen Köchel zu.

4 **Der Lange Köchel** mit seinem aufgelassenen Hartsteinwerk und den Abraumhalden ist eine Besonderheit im Murnauer Moos. Die steineren Köchel entstanden in der Kreidezeit und bestehen aus dem extrem harten Stein Glaukoquarzit, der lange durch das Werdenfelser Hartsteinwerk abgebaut wurde. Das führte viele Jahre lang zu starken Kontroversen zwischen Naturschützern und der Industrie, bis im Jahr 2000 der Abbau eingestellt wurde. Heute ist der Lange Köchel ein Geheimtipp, den man sich auf keinen Fall entgehen lassen sollte. Im einstigen Steinbruch hat sich das Grundwasser gesammelt, und so finden wir hier einen idyllischen, fast schon mystischen See, der von steilen Felswänden umrandet wird. Die Stelle erkundet man am besten, wenn man die Räder kurz abstellt.

Grundwasser flutete das Abbaugebiet am Langen Köchel.

Genussradeln am Loisach-Radweg

KM 22

Vom Langen Köchel bleiben wir einfach in Fahrtrichtung, der Hauptweg gibt die Strecke vor. Langsam verlassen wir das Moos und überqueren die Autobahn. Am Gutshof »Weghaus« halten wir uns links und stoßen auf die stark befahrene Bundesstraße. Diese queren wir vorsichtig in den Pfad über die Wiese (es ist zwar kein offizieller Radweg, aber schön!), der uns weiter zum Loisachradweg führt.

2 **Die Loisach** entspringt in Tirol bei Biberwier unter dem Grubigstein und mündet bei Wolfratshausen in die Isar. Dabei schlägt sie ganze schöne Schleifen, vor allem nach Murnau, auf dem Weg in und aus dem Kochelsee, auf der sie sogar die Himmelsrichtung wechselt. Mit einer Länge von über 113 Kilometern prägt sie weite Landstriche. Wir folgen nun dem Loisachradweg in einigem Zickzack nach Norden und können dabei den wilden Fluss immer wieder genießen. Wirklich empfehlenswerte Stellen, wo wir zu Kiesbänken gelangen könnten, gibt es allerdings leider nicht. Die Gemeinde Ohlstadt passieren wir auf unserem Weg mit großem Abstand. Wer möchte, kann jedoch an der Stelle, an der der Loisach-Radweg links unter der Autobahnhindurch hindurchführt, nach rechts das kleine Dorf am Fuße des Heimgartens besuchen. Der kurze Abstecher führt uns dabei nicht nur zum Gasthof zur Post, einer guten Einkehrmöglichkeit. Besonders interessant sind auch die Kaulbach-Villa des berühmten Münchner Malers (siehe S. 54) und die Wetzsteinmacherei in einer alten Schleifmühle in der Heimgartenstraße. Dieses alte Handwerk wurde über 600 Jahre im Dorf betrieben.

Lebendiger Obermarkt in Murnau

In Murnau kann man hervorragend im Brauereigasthof Karg einkehren, dessen bodenständige Küche überzeugt.

TRAUMHAFT

BLAUE REITER

Auf den Spuren des Künstlerpaares Gabriele Münter und Wassily Kandinsky können wir das bezaubernde Münter-Haus in der Kottmüllerallee 6 oder das Schlossmuseum in Murnau besuchen.

KM 31

Vorbei an Ohlstadt, erreichen wir am Ortsteil Hechendorf schon wieder Murnau. Jetzt geht es ein letztes Mal aufwärts und dann geradeaus zum Obermarkt, um dort noch etwas Zeit zu verbringen.

2 Murnau besitzt außer den kunsthistorisch bedeutenden Kirchen und dem Schloss aus dem 15. bis 16. Jahrhundert eine überaus hübsche, lebendige und in eine Fußgängerzone umgewandelte Marktstraße. Der Architekt Emanuel von Seidl gestaltete um 1910 die nach mehreren Bränden völlig zerstörte Innenstadt neu. Damit sorgte er für das geschlossene, einheitliche Ortsbild, das sich bis heute erhalten hat. Dekorative Bürgerhäuser, stattliche Gasthöfe und das neugotische Rathaus mit dem Porträt des Kaisers Ludwig der Bayer säumen die Marktstraße. Hier lässt es sich wunderbar einkehren, Kaffee trinken (etwa in der Konditorei Krönner) oder in der Gelateria Gabbrielli ein Eis schlecken. Wer mehr über Emanuel von Seidl erfahren möchte, besucht in Murnau den Seidlpark, der südöstlich der Altstadt liegt. Dort ließ sich der Münchner Architekt, der als einer der bedeutendsten Baumeister der Prinzregentenzeit gilt, eine Villa erbauen. Sie wurde leider 1972 abgerissen, aus heutiger Sicht ein echter Kunstfrevel. Aber den Park, den Emanuel von Seidl ganz im englischen Stil entworfen hatte, gibt es immer noch. Dort wachsen viele mächtige Eichen und Buchen, Sichtachsen geben Blicke auf das Murnauer Moos frei, und immer wieder trifft man auf romantische Sitzgelegenheiten und mehrere Denkmäler. Seidl setzte sich schon früh für den Naturschutz ein. Ein Zitat von ihm lautet: »Andere Leute haben Kinder, ich wollte dafür Bäume.«

AUF EINEN BLICK

31 km

200 Hm

3 Std.

leicht

Ausgangs-/Endpunkt Murnau Bahnhof

Anfahrt Auto: B2 oder A95 nach Murnau, Parkplätze am Bahnhof; Bahn/Bus: DB nach Murnau

Wegbeschaffenheit Durch das Murnauer Moos und entlang der Loisach ungeteerte Strecke, ansonsten meist gut ausgebaute Radwege und Nebenstraßen.

4

TRAUMWEGE ENTLANG DER LOISACH

VON OHLSTADT NACH GARMISCH UND ZURÜCK

Wir starten diese Radtour mit einer kleinen Auffahrt zum Höhenweg nach Eschenlohe. Dafür werden wir mit einigen herrlichen Aussichten auf das Loisachtal belohnt, und praktischerweise bewältigen wir damit den anstrengenden Teil der Radtour gleich am Anfang. Danach geht es fast nur noch eben dahin. Wir rollen am Fuße des Estergebirges durch das herrliche Loisachtal in das Kerngebiet des Werdenfelser Landes: nach Garmisch-Partenkirchen. Dabei fahren wir mitten durch das Loisachmoor, vorbei an den faszinierenden Sieben Quellen, immer mit freiem Blick auf die Zugspitze und das Wettersteingebirge. Wer die Strecke schon einmal mit dem Auto gefahren ist, kann nicht glauben, wie einsam und befreit vom Straßenverkehr der Radweg verläuft. Zudem ist er sehr abwechslungsreich, denn wir radeln auf dem Rückweg auf der anderen Seite der Loisach, und beide Uferwege sind doch sehr verschieden. Für die Besichtigung von Garmisch-Partenkirchen sollten wir uns etwas Zeit nehmen.

1

KM 6,5

ESCHENLOHE

An der Römerstraße

2

KM 8,6

SIEBEN QUELLEN

Naturjuwel mit glasklarem Wasser

3

KM 17,8

FARCHANT

Kleines Dorf an der Kuhflucht

4

KM 23,3

GARMISCH-PARTENKIRCHEN

Doppelort unter der Zugspitze

Die Loisach bei Farchant mit dem Wettersteingebirge

5

KM 29,5

BURGRAIN

Der Ort unter der Burgruine

6

KM 35,1

OBERAU

Eingang zum Werdenfelser Land

7

KM 48,5

OHLSTADT

Zum Finale Kaulbachs Atelier

In allen Farben schillern die Sieben Quellen.

KM 6,5

Unsere Radtour beginnt am Rathaus/Maibaum von Ohlstadt. Wir radeln in die Kaulbachstraße, nach der Villa Kaulbach links in die Boschetstraße, und schon geht es durch Felder über die Kaltwasserlaine und den Greiterbach zu den Sportplätzen am Waldrand. Wir wenden uns nach rechts, passieren den Freizeitplatz und treten dann auf einer ungeteerten Forststraße aufwärts. Den höchsten Punkt erreichen wir an einer Schranke. Dann rollen wir mit Sicht durch die Bäume abwärts, der Weg endet an einem Wanderparkplatz oberhalb von Eschenlohe. Hier nur noch rechts der Straße folgen, und schon ist man an der Loisachbrücke.

1 **Eschenlohe** erstreckt sich auf beiden Seiten der Loisach. Ein verheerendes Hochwasser 2005 sorgte für umfangreiche Baumaßnahmen im Bereich des Flusses, die vor weiteren Fluten schützen sollen. Auf einem Hügel südlich des Ortes sieht man die Kapelle St. Nikolaus. Hier stand einst eine Burg, die den Talzugang bewachte. Durch den Hügel führte der Tunnel der Olympiastraße, 1935 im Zuge der Winterolympiade von Garmisch-Partenkirchen erbaut. Zur Zeit des Zweiten Weltkriegs war darin ein unterirdisches Rüstungswerk der Messerschmittwerke untergebracht, für das viele Zwangsarbeiter und Kriegsgefangene arbeiten mussten. Mittlerweile ist der Tunnel geschlossen.

TRAUMHAFT

KIRCHENKUNST

In Eschenlohe sollte man keinesfalls vergessen, die wunderschöne, 1765 nach den Plänen des großen Barockbaumeisters Johann Michael Fischer erbaute Kirche St. Clemens zu besuchen.

KM 8,6

Wir bleiben auf der ursprünglichen Uferseite und radeln vor der neuen Brücke links in die Mühlstraße. An ihrem Ende, an der Kreuzung von fünf Straßen fahren wir erst geradeaus und halten uns dann links in die Römerstraße. Das Hinweisschild zu den Sieben Quellen zeigt, dass wir richtig sind. So verlassen wir Eschenlohe zuerst leicht aufwärts und erreichen mit bester Aussicht abwärts diese Attraktion.

2 **Die Sieben Quellen** sind ein eindrucksvolles Naturschauspiel. Hier stößt eine wasserführende Schicht aus dem Estergebirge an die Oberfläche. Gewaltige Mengen Grundwasser ergießen sich in schillernden Blau- und Grüntönen an mehreren Stellen ins Pfrühlmoor und bilden Mooraugen. Selbst an heißen Sommertagen ist dieses Wasser eiskalt. Wir sind nun auf der historischen Römerstraße am Fuß des Estergebirges unterwegs, die im 1. Jahrhundert n. Chr. von Italien nach Augsburg führte.

Am Eschenloher Burgberg

KM 17,8

Immer weiter auf der ehemaligen Römerstraße, passieren wir dramatisch anmutende Schuttreißen, die sich vom Berg abgelöst haben. Die Vegetation ist wunderschön, und wir genießen die entspannte Fahrt. Schließlich queren wir den etwas größeren Lauterbach und passieren den Oberauer Golfplatz. An der Loisachbrücke haben wir Oberau erreicht. Noch vor der Brücke geht es links auf den Radweg (Schild Garmisch-Partenkirchen). Wir folgen dem Zickzack der Straße, weite Almwiesen mit ihren großen Fichten und Tannen verändern die Landschaft. Schließlich queren wir das breite, steinige Bachbett des Kuhfluchtgrabens und erreichen an den Sportplätzen den Ortsrand von Farchant. Die Frickenstraße bringt uns in die Ortsmitte zur Loisachbrücke.

3 **Farchant** ist, seit es einen Umgehungstunnel gibt, kaum mehr wiederzuerkennen. Die schönen Bauernhäuser in der Ortsmitte kommen nun zur Geltung. Mit einem Abstecher nach rechts erreichen wir sie von der Loisachbrücke aus. Trotz des Tourismus ist Farchant immer noch ein Dorf geblieben. Viele Bauern beweiden mit ihren Schafen und Ziegen die Loisachauen, es gibt jede Menge Brauchtumsfeste und mit den Kuhfluchtfällen auch ein herrliches Naturgeotop.

KM 23,3

Für die Weiterfahrt queren wir auch diesmal die Loisach nicht, sondern halten uns links und umrunden das kleine Elektrizitätswerk in die Esterbergstraße. Wir kommen zum Freibad, halten uns dort rechts am Eingangsgebäude vorbei. Dahinter beginnt wieder ein Uferweg entlang der Loisach, den man im ersten Moment nicht sieht. Im Auf und Ab treffen wir unweit der Tunnelausfahrt der Schnellstraße auf eine grö-

ßere Autostraße, die wir geradeaus in die Straße Loisachauen queren. Durch das Gewerbegebiet geht es aufwärts über die Bundesstraße. Kurz darauf folgen wir der Radwegbeschilderung nach links auf einen Pfad, der im Zickzack um eine Gärtnerei führt, um sich schließlich an den Gleisen nach rechts zu wenden. Die letzten Kilometer nach Garmisch sind wieder traumhaft zu radeln. An den ersten Häusern stoßen wir auf die Partnach, der wir nach rechts folgen. Links in die Längenwangstraße, erreichen wir Garmisch am Kurpark-Parkplatz.

4 **Garmisch-Partenkirchen** Zum Kurpark werden wir nach der Stadtbesichtigung zurückkommen. Am ersten Januar 1935 entstand auf Befehl der NS-Regierung der Markt Garmisch-Partenkirchen aus den Dörfern Garmisch und Partenkirchen. Die olympischen Winterspiele sollten, wenn schon nicht in einer großen Stadt, so zumindest in einem Markt stattfinden. Die Bewohner waren nicht glücklich darüber, aber eine Opposition gab es zu dieser Zeit nicht. Garmisch war damals noch ein Dorf, das von Landwirtschaft und der Flößerei auf der Loisach lebte. Partenkirchen dagegen hatte Geschichte. Es lag an der römischen Handelsstraße nach Augsburg, die auch im Mittelalter und in der Neuzeit rege genutzt wurde. Wir befinden uns jetzt im Ortsteil von Garmisch, der Ortsteil Partenkirchen liegt ein gutes Stück östlicher. Die Zugspitze liegt übrigens noch weiter weg, im Ortsteil Grainau. Wir sehen, Garmisch-Partenkirchen ist weitläufig, aber mit dem Fahrrad erreicht man problemlos das Wichtigste. Vom Kurpark sind wir schnell in der Fußgängerzone von Garmisch und können auch die beiden Martinskirchen besuchen: die alte Pfarrkirche St. Martin, die mit

Lüftlmalereien an Häusern sind typisch für Garmisch-Partenkirchen.

Der Kuhfluchtbach bei Farchant

gotischen Fresken ausgemalt war, und die neue Pfarrkirche St. Martin aus der Zeit des Barock mit wertvollen Deckenbildern. Im Gegensatz dazu besitzt Partenkirchen keine alte Kirche und auch deutlich weniger alte Häuser. Dies ist auf einen verheerenden Brand zurückzuführen, der 1865 fast das ganze Dorf zerstört hat. Beide Ortsteile haben ihren ganz eigenen Reiz. Während sich Garmisch eher mondän präsentiert, hat, Partenkirchen seinen dörflichen Charakter behalten. Trotzdem finden wir in beiden malerische Ecken und Winkel. Und viele mit bunten Lüftlmalereien verzierte Häuser und mit Blumen geschmückte Bauernhöfe. Sogar die Spielbank wirkt mit ihrem hölzernen Giebel wie ein uriges Landhaus.

KM 29,5

Die Rückfahrt treten wir wieder vom Kurpark aus an. Bis kurz nach der Gärtnerei ist der Weg identisch. Nachdem wir die Bundesstraße überquert haben, biegen wir scharf nach links ab und queren auf einer kleinen Brücke die Loisach. Auf der anderen Seite setzen wir den Weg nach rechts fort und bleiben nun am Loisachufer entlang des Ortsrandes von Burgrain.

5 **Burgrain** ist heute ein Ortsteil von Garmisch-Partenkirchen. Über dem Ort stand einst die Burg Werdenfels, heute nur noch eine Ruine. Bis 1632 war sie der Verwaltungssitz der Grafschaft Werdenfels, von der sich bis heute der Name »Werdenfelser Land« erhalten hat.

Ohlstadt mit der Kirche St. Laurentius

Zum Abschluss kann man im Gasthaus zur Post, im Glocken- oder im Dorfbach-stüberl in Ohlstadt einkehren.

KM 35,1

Wir schieben unter der Bahn durch und queren die Straße. Die Loisach gibt weiterhin die Richtung vor. Schließlich treffen wir in Farchant auf die Brücke. Unmittelbar davor beginnt ein schmaler Weg – zwar nicht der offizielle Radweg, aber er lässt sich gut befahren. Wieder geht es über Weideflächen, und wir erreichen eine weite Kiesfläche am Wasser, ideal für eine Pause. Schließlich wendet sich der Weg vom Fluss ab und mündet am Pitzikotbach in einer Querstraße. Kurz nach links und gleich wieder rechts geht es nun an den Gleisen entlang bis zur Loisachbrücke in Oberau.

6 **Oberau** kennt man fast nur als Durchgangsort auf dem Weg in die Berge. Auch wenn der Verkehr jahrelang den Ort belastete, sorgte seine Lage an zwei wichtigen Verbindungsstraßen, der Route Venedig-München und der Fernstraße über Ettal nach Augsburg schon früh für Wohlstand durch Handel und Reisende. Heute bringt der neue Umgehungstunnel Ruhe in den Ort.

KM 48,5

In Oberau queren wir die Loisach und biegen gleich links in die Straße zum Klärwerk ein, die in einen ungeteerten Uferweg übergeht. Richtung Eschenlohe radeln wir mal mehr, mal weniger nah am Flussufer und genießen noch einmal das Loisachmoor mit seinen Auwasserbecken. In Eschenlohe bleiben wir auf der rechten Uferseite und radeln nach der Loisachbrücke in die Heubergstraße. Über die Eschenlaine folgen wir den Gleisen links von uns. Im Ortsteil Buchenried biegen wir rechts in den Buchenweg, links in die »Von Kühlmann-Straße« und erneut rechts in den Greutweg, ohne die stark befahrene Autostraße zu nutzen. Über das Warmfreibad fahren wir zur Badstraße, dort rechts und links auf der Boschetstraße zurück zum Startplatz.

7 **Ohlstadt** war durch seine Nähe zu Murnau ebenfalls als Wohnort für Künstler beliebt. In der Kaulbachstraße steht die Villa des Münchner Malerfürsten Kaulbach, der von 1910 bis 1920 hier lebte. Heute gehört die Villa der Landesversicherungsanstalt Unterfranken. Das Atelier des Malers kann aber besichtigt werden. In der Villa ist auch das Dorfmuseum untergebracht (April bis November, Mittwoch und Samstag 16–18 Uhr).

AUF EINEN BLICK

48,5 km

220 Hm

3,75 Std.

leicht

Ausgangs-/Endpunkt Ohlstadt Rathaus

Anfahrt Auto: A95 nach Ohlstadt, einige Parkplätze in der Ortsmitte; Bahn/Bus: DB nach Ohlstadt

Wegbeschaffenheit Die Rundtour verläuft meist auf ungeteerten Feldwegen, nach Hochwasser oder Regen können sie im Bereich der Loisach überschwemmt sein.

5

GRENZÜBERSCHREITEND IM NATURPARK

VON MITTENWALD ZUR ISARQUELLE

Es ist ein einmaliges Erlebnis für eine Radtour. Wir dürfen mitten durch die mächtige Bergwelt des Karwendels radeln, jedoch auf einem breiten Forstweg und ohne übermäßige Anstrengung. So einfach wie auf dem Weg zu den Isarquellen wird man selten in die felsigen Regionen der Alpen vordringen. Die Steigungen sind gut zu meistern; wer ein E-Bike besitzt, ist natürlich im Vorteil. Zur Gleirschhöhe steigt der Weg an, dahinter verliert man noch einmal ein paar Höhenmeter, bis man die Isarquellen und den Almboden der Kastenalm erreicht, mit 1220 Metern der höchste Punkt der Tour. Der Rückweg verläuft auf dem Hinweg. Auch der wird nicht langweilig, denn jetzt, zu späterer Tageszeit, präsentiert sich die Landschaft wieder in einem völlig anderen Licht. Außerdem können wir nun die Weglänge gut abschätzen, und so dürfen wir uns jetzt etwas Zeit lassen. Das lohnt sich vor allem im weitläufigen Riedboden, der mit seinem lockeren Baumbestand, den weidenden Schafen wirklich auch ein Höhepunkt ist.

1

KM 6,7

PORTA CLAUDIA

Wehrhaft und beständig

2

KM 8,2

NATURPARKHAUS KARWENDEL

Spannendes Wissen

3

KM 12

GLEIRSCHHÖHE

Beeindruckender Aussichtspunkt

Je nach Winter dauert es im Hinterautal schon mal länger, bis der Schnee schmilzt.

4

KM 20

ISARQUELLEN

Der Beginn einer Reise von 287 Kilometern

5

KM 22

KASTENALM

Nur mit Bergblick, innen keine Tische

6

KM 44

MITTENWALD

Lüftlmalereien und Geigenbauzentrum

Heute versucht man, die Porta Claudia so gut es geht zu erhalten.

KM 6,7

Vom Bahnhof in Mittenwald radeln wir kurz nach Norden, queren nach rechts die Gleise und biegen gleich erneut rechts ein (Schilder Karwendelbahn). Über den Kanal und die Isar geht es in die Straße Schwarzenfeld und auf ihr über die Bahn zur großen Innsbrucker Straße. Diese queren wir geradeaus und folgen dem Isarradweg Richtung Scharnitz über den wunderschönen Riedboden, eine herrliche Almfläche mit großem Baumbestand. Nach einem Wanderparkplatz erreichen wir die Isarbrücke bei Scharnitz. Zu Fuß machen wir vor der Querung rechts aber noch einen Abstecher zur Porta Claudia.

Steinmännchen am Isarufer

1 **Die Porta Claudia** von Scharnitz gehört zu den großen Befestigungsanlagen Österreichs, die im Dreißigjährigen Krieg entstanden sind. Sie sollte vor allem Richtung

TRAUMHAFT

WIDERSTAND

Vereinzelt treffen wir an der Kastenalm auf uralte Ahornbäume, deren Stämme von Murenabgängen mit Steinen verschüttet sind. Trotzem schaffen sie es, immer weiter zu wachsen.

Norden die Grenze sichern. Ihren Namen hat sie der Landesfürstin Claudia von Medici zu verdanken, die angesichts der Einweihung 1634 persönlich anwesend war. 1786 hat sogar Goethe auf seiner Italienreise über sie geschrieben. Unter Napoleon wurde die Anlage mit viel Sprengstoff geschleift und erheblich zerstört. Trotzdem ragen immer noch bis zu sechs Meter hohe Steinmauern, Wälle oder ein Torbogen empor.

Das Karwendel Naturpark Zentrum

KM 8,2

Anschließend queren wir die Isar. Der Radweg führt uns unter der Bundesstraße durch und entlang der Isar nach Scharnitz. In der Ortsmitte radeln wir erneut über den Fluss und biegen vor der Kirche links in die Hinterautalstraße ein. Sowohl die Karwendeltäler als auch der Isarradweg sind ausgeschildert. Noch im Ort können wir dabei einen Stopp am Karwendel Naturpark Zentrum einlegen.

Der Karwendelbach mit seiner Klamm

2 **Karwendel Naturpark Zentrum** Das Informationszentrum lädt zur Besichtigung ein. Der österreichische Naturpark ist mit seinen 730 Quadratkilometern das größte zusammenhängende Schutzgebiet der Alpen. Sanfte und schroffe Berge, eine vielfältige Flora, ein stimmiges Freizeitangebot und die einzigartige Landschaft harmonieren perfekt miteinander. Im Karwendel pfeifen Murmeltiere, Gämsen und Steinböcke klettern auf Felsen, und über allem kreist der Adler, denn im Karwendel lebt die größte Steinadlerpopulation der Alpen. Im Naturparkhaus gibt eine interessante Ausstellung dazu. Im Freigelände sind außerdem historische Holzfällerhütten zu sehen.

In Scharnitz lockt eine alternative Mountainbikestrecke Radprofis hinauf zum Karwendelhaus.

Kritische Stellen sind gesichert.

KM 12

Am Ende der Hinterautalstraße radeln wir erneut über die hier smaragdgrüne Isar, die bis zur Kastenalm auf unserer rechten Seite bleibt. Nachdem wir einen Seitenarm – den Karwendelbach – überquert haben, steigt die Straße bis zum Gasthof Wiesenhof etwas steiler an. Bis zur Gleirschhöhe wird es dann wieder leichter.

3 **Die Gleirschhöhe** ist ein herrlicher Aussichtspunkt, markiert durch ein mächtiges, aber schlichtes Gedenkkreuz. Wir stehen ein gutes Stück oberhalb der Isar und blicken auf ihr helles Kiesbett hinunter. Man erkennt von hier sehr gut, wie eng das Tal ist, denn die Berge rücken kräftig zusammen. Nach Süden zweigt ein weiteres Karwendeltal, das Gleirschtal, ab. Es wird vom Gleirschbach durchflossen, der sich unter uns mit der Isar vereint. Geologisch interessant ist sein letztes Stück, denn hier hat sich der Bach tief in die Steine gefräst und eine Klamm gebildet (die sich jedoch nur zu Fuß erobern lässt). Aber der obere Talabschnitt ist spannend, denn er endet auf einem weiten Almboden an der idyllischen Möslalm unter der Hafelekarspitze und der Rumer Spitze, die bereits zur Innsbrucker Nordkette gehören.

Endlich: Die Isarquelle ist erreicht!

Der Markt Mittenwald ist Startplatz der Tour.

KM 20

Wir bleiben weiterhin dem Isartal treu, rollen – die Abzweigung ins Gleirschtal ignorierend – zur Isar hinunter und folgen ihr danach leicht bergauf, bis uns Wegweiser auf die Isarquellen aufmerksam machen.

4 **Für die Isarquellen** lassen wir die Räder kurz stehen und besuchen sie zu Fuß. Nach links führt ein kurzer Weg zum Quellgebiet auf einer Wiese unter den Bäumen. Es wird Isarursprung genannt. Dort plätschert und gurgelt jede Menge Wasser aus mehreren Quellen. Es ist glasklar und eiskalt und sammelt sich zu Bächen. Kurz darauf ergießt sich der Lafatscherbach, der vom Hallangerhaus über die Kastenalm ins Hinterautal fließt, in die junge »Isar«, denn erst ab hier heißt der Fluss, der uns begleitet hat, so.

KM 22

Und so folgen wir nun auf dem letzten Stück zur Kastenalm dem Lafatscher Bach. Die Almstraße wird langsam schlechter, wir queren die Steinreißen des Moserkarbachs und erreichen geradeaus die Kastenalm.

5 **Die Kastenalm** liegt mit Paradebergblick auf einer großen Wiese und wird nur in den Sommermonaten, wenn Tiere auf der Alm sind, bewirtschaftet. Der Zeitraum variiert je nach Witterung ein bisschen, meist sind es aber die Monate Anfang Juni bis Ende September. Dann hat die Kastenalm – bis auf mittwochs – täglich geöffnet. Man sollte aber bedenken, dass es sich um eine richtige Alm handelt, sprich die Kastenalm ist kein Gasthof. Es gibt nur kleine Brotzeiten, Getränke sowie Kaffee und Kuchen. Wenn

Sogar die Mittenwalder Kirche wurde bemalt.

Der Himmel voller Geigen hängt im Mittenwalder Geigenbaumuseum hinter der Kirche. Ein Besuch lohnt sich.

TRAUMHAFT

GUTEN APPETIT!

Unsere Mittenwalder Lieblingswirtschaft liegt im Ortsteil Gries. Im Gasthof Gries wird bayerisch gekocht, und man sitzt sowohl innen wie außen sehr nett.

etwas aus ist, ist es aus. Außerdem gibt es nur Barzahlung und keinen Strom für E-Bikes. Stattdessen zeigt uns die Kastenalm aber, wie schön das Leben inmitten der herrlichen Natur sein kann. Es ist ein Platz zum Innehalten. Und übrigens: Der Schutthaufen hinter der Kastenalm ist der große Überrest eines ehemaligen Bleibergwerkes.

KM 44

Der Rückweg verläuft über den Hinweg, und das ist die schönste Strecke. Nach 44 Kilometern – nun zum Glück meist bergab – sind wir wieder in Mittenwald. Eine Alternative ab Scharnitz gib es für E-Bike-Fahrer und Mountainbiker. Nach der Isarquerung an der Porta Claudia geht es rechts, man quert nochmals die Isar, radelt rechts auf einem Pfad entlang der B2 und quert dann links am Bahnübergang die Gleise zum Berg hin. Dort beginnt die Rückfahrt.

6 **Mittenwald** ist ein Ort mit langer Geschichte. Schon in der Antike führte die römische Straße Via Raetia durch das Tal. Um 1080 wurde der Ort schließlich das erste Mal als »Media silva« in den Urkunden erwähnt. Damals war Mittenwald nur eine kleine Rodungsinsel, eben »mitten im Wald« gelegen. Seit 1305 besaß der Ort das Marktrecht. So entstand ein Umschlagplatz für Waren, von dem auch die Zunft der Mittenwalder Flößer profitierte, die die Isar als Transportweg nutzten. Vom Bahnhof ist es nur ein Katzensprung, um in das Zentrum zu gelangen. Das Herz der Altstadt schlägt am Obermarkt, in der Fußgängerzone. Die Häuser sind alle reich bemalt und überdies zum Teil sehr alt. Kein Neubau stört den Gesamteindruck. In den vielen Straßencafés und Gaststätten stehen Tische zur Einkehr bereit, überall gibt es nette Läden zum Bummeln. Und mitten durch den Markt plätschert ein offener Bachlauf … Idylle pur!

AUF EINEN BLICK

Ausgangs-/Endpunkt Mittenwald Bahnhof

Anfahrt Auto: B11 nach Mittenwald, Parkplätze am Bahnhof oder am Parkplatz »Schwarzenfeld« unterhalb der Karwendelbahn; Bahn/Bus: DB nach Mittenwald

Wegbeschaffenheit Fast über die gesamte Strecke radelt man auf ungeteerten Radwegen. Die Steigung beginnt hinter Scharnitz.

45 km

500 Hm

4,5 Std.

schwer

6

HÖHEPUNKTE AM WASSER

HERRLICHE RUNDTOUR UM DEN AMMERSEE

Der Ammersee ist mit einer Länge von 15 Kilometern und einer Breite von fünf Kilometern der drittgrößte bayerische See. Bei einer Umrundung mit dem Fahrrad lernen wir ihn von seiner schönsten und gleichzeitig beschaulichsten Seite kennen. Traumhafte Uferwege, verborgene Badestellen, historische Orte, Kunstschätze in Dießen, Strandbäder, Biergärten und dazu weite Aussichten über das Wasser auf die Berge – was will man mehr? Hinzu kommt die weite Verlandungsfläche südlich des Sees, die die Ammer geschaffen hat. Heute sind es großflächige Feuchtwiesen mit Schilfzonen, ein wahres Vogelparadies, in dem sich Fischreiher, Kormorane, Möwen und jede Menge Störche wohlfühlen. Vor allem während der Wintermonate ist der Ammersee das Ziel für Abertausende von Wasservögeln. Dann herrschen zwar nicht mehr Badewannentemperaturen, dafür genießt der Radfahrer die Strecke weitestgehend alleine.

1

KM 4,6

WARTAWEIL

Die weiße Säule

2

KM 9

FISCHEN

Kupfermuseum und Kaffeerösterei

3

KM 17,2

DIESSEN

Zeit für den malerischen Ort am Westufer

Für diese Tour das Fahrradschloss zum Absperren nicht vergessen! Es gibt viel Interessantes zu besichtigen.

Das Ostufer bei Herrsching ist der schönste Platz für einen Sonnenuntergang.

4

KM 25

KÜNSTLERHAUS GASTEIGER

Guter Geschmack und Vorreiter am Ammersee

5

KM 34,5

AMPER UND STEGEN

Namenswechsel und beste Einkehrlocation

6

KM 47

HERRSCHING

Das große Finale

Perfektes Urlaubsfeeling am Wasser

KM 4,6

Vom Bahnhof in Herrsching geht es nach Süden auf der Straße »Zum Landungssteg«. In die Seestraße biegen wir rechts ein, sie bringt uns in die Nähe der Schiffsanlegestelle an der Seepromenade. Da meist stark frequentiert, nehmen wir links die Summerstraße, die in die Mühlfelder Straße mündet. Nun geht es kurz nach rechts, bis wir am Kreisverkehr am Schloss Mühlfeld erneut rechts abbiegen. Hier verläuft parallel zur Straße ein relativ langweiliger Radweg. Wenn wir jedoch kurz nach dem Schloss rechts zum Uferweg hinunterradeln, ist unsere Strecke viel schöner. Nun geht es immer am See entlang.

Die Uferwege sind naturbelassen.

1 Wartaweil Am Schullandheim Wartaweil geht es zunächst mit etwas Abstand vorbei. Danach passieren wir das Bildungszentrum des Bund Naturschutz. Bei genauem

i-TÜPFELCHEN

BADETRÄUME

Einer der schönsten Badeplätze liegt am Ostufer bei Breitbrunn. Zudem gibt es fast am Ende der Tour eine Stelle am nördlichen Ortsrand von Herrsching, an der Einmündung des Fischbachs.

Hinsehen finden wir links eine Steinsäule, die dem Gebiet den Namen »Wartaweil« gegeben hat. Sie steht direkt auf der Linie zwischen den beiden Klöstern Andechs und Dießen und war die Peilmarke für den Fährmann, der Pilger von einem Kloster zum anderen brachte. War das Boot voll, rief der Fährmann denen, die keinen Platz mehr fanden, »Wart a Weil« zu. Weil dies wohl häufig vorkam, erhielt der ganze Ort diesen Namen.

KM 9

Etwas später passieren wir das Erholungsgebiet Wartaweil und besuchen bei Aidenried den Beobachtungsturm am Ufer. Dann verlassen wir das Ufer und haben das südliche Ende des Sees erreicht. Wir folgen dem Radweg (Beschilderung Richtung Dießen) zunächst nach Fischen und weiter parallel zur Autostraße ins Ammermoor.

Alte Weide in Dießen

Dampfersteg in Dießen

2 **Fischen** besteht aus den Ortsteilen Aidenried, Mitterfischen und Fischen. In der Ortsmitte gibt es die Möglichkeit, das Kupfermuseum zu besuchen. Die private Sammlung zeigt vor allem Alltags- und Kunstgegenstände aus Kupfer. (Im Sommer geöffnet mittwochs bis samstags). Direkt gegenüber verführt der Duft aus der Andechser Kaffeerösterei zu einem kurzen Zwischenstopp ganz nach italienischer Manier. An der Ammerbrücke ist das Flussdelta der einmündenden Alten und Neuen Ammer nicht mehr weit. Hier wächst ein großer Schilfgürtel, der immer mehr verlandet. Das ist ein für Vögel geschützter Lebensraum Rückzugsgebiet. Zu Fuß kann man von der Ammerbrücke über den Damm bis zur Einmündung des Flusses in den See wandern – ein wirklich herrlicher Weg! Aber auch auf der weiteren Fahrt hat man die Chance, beispielsweise Störche auf den feuchten Wiesen zu sehen.

In Dießen ist ein Besuch des Schacky Parks, der ganz im englischen Stil gestaltet wurde, lohnenswert.

Am Ammersee gibt es noch Fischer.

KM 17,2

Kurz vor Raisting radeln wir dann wieder parallel zu den Bahngleisen nach Norden. Diesen Streckenabschnitt teilen wir uns mit den Autos, erst kurz vor Dießen beginnt wieder ein Radweg, auf dem wir zur Uferpromenade und dem Bootsanlegesteg kommen. Nach links lohnt sich ein Abstecher in die Ortsmitte von Dießen.

3 **Dießen** wartet mit einer berühmten Stiftskirche auf. Das Marienmünster liegt etwas erhöht, und in seinem Inneren schwirren auf dem Deckenfresko im Chorraum unzählige Heilige im barocken »Dießner Heiligenhimmel« umher. Das Gemälde wurde 1736 von Johann Bergmüller angefertigt. Wer wissen möchte, wie der Maler ausgesehen hat, sucht auf dem Fresko im Langhaus sein Selbstporträt. Der Künstler zeigt sich mit weißem Malerkittel und blauer Kappe. Der Ort selbst ist mit zahlreichen Kunsthandwerksbetrieben, darunter viele Zinngießereien und Töpfereien, malerisch. Überdies gibt es einige gute Fischläden, die Fischsemmeln verkaufen. Die meisten liegen in der Mühlstraße. Nicht zuletzt findet sich am Ufer ein schöner Bohlenweg zu einem Aussichtsturm, von dem man weit über den See auf die Verlandungszungen der Ammer blicken kann.

Nur bei Hochwasser spiegelt sich der Aussichtsturm.

Das Künstlerhaus Gasteiger und sein schöner Garten

KM 25

Die Hälfte der Seeumrundung ist fast zurückgelegt. Für die Weiterfahrt geht es in Ufernähe zur kleinen Wallfahrtskirche St. Alban mit ihrer reizvollen Rokoko-Ausstattung. Indem wir uns immer an den Gleisen und dem Wasser orientieren, erreichen wir bald Riederau mit seinem großen Strandbad. Weiter nach Norden treffen wir kurz vor Utting in Holzhausen das Künstlerhaus Gasteiger.

4 **Im Künstlerhaus Gasteiger** wohnte das Ehepaar Gasteiger. Die beiden waren die ersten Künstler, die die Schönheit des Ammersee erkannten und sich hier niederließen. Nach ihnen zog es noch zahlreiche weitere Künstler in das kleine Dorf. Mathias Gasteiger wurde 1871 in München geboren. Von ihm stammen u. a. das »Brunnenbuberl'« am Stachus oder der Dianabrunnen am Kufsteiner Platz. Seine Frau war eine angesehene Blumenmalerin, für die der Ammersee ein unerschöpfliches Kreativpotenzial bedeutete. Ihr Haus hier am Ufer gestaltete das Paar zusammen mit dem Park zu einem Gesamtkunstwerk. Der Eintritt in den Park ist für alle Besucher frei.

KM 34,5

Über Utting und seinen Bootsanleger sowie das Strandbad erreichen wir den Biergarten »Alte Villa« – wahrlich eine Institution am Ammersee. Weiter geht es über Schondorf zum Nordende des Sees, wo wir schließlich über die Brücke des Amperabflusses Stegen erreichen.

Der wunderschöne Kurpark in Herrsching

Näher und genussvoller als im Seehaus Schreyegg in Stegen kann man vermutlich nirgends am Wasser sitzen.

TRAUMHAFT

ABKÜRZUNG

Wer keine Lust auf eine ganze Seeumrundung mit dem Fahrrad hat, kann die Radtour mit einer Schifffahrt kombinieren und so in den größeren Orten jederzeit abkürzen.

5 Amper und Stegen Mit der Ammer ist es nun vorbei. Am Ablauf aus dem Ammersee wechselt der Fluss seinen Namen und heißt ab jetzt Amper. Das Gebiet nördlich des Sees bis Grafrath, das Ampermoos, ist ein streng geschütztes Naturschutzgebiet, das man gar nicht betreten kann. Der kleine Ort Stegen selbst scheint nur aus einigen Cafés, Strandbars und Gasthäusern zu bestehen, eine gute Adresse für eine Pause. Dazu gesellt sich ein beliebtes Erholungsgelände.

KM 47

Durch besagtes Erholungsgelände schieben wir das Rad ein Stück, denn unser Weg wird sogar zum Fußgängerweg. Dann geht es sehr steil aufwärts auf den Höhenkamm und rechts auf der Schornstraße nach Buch. Dort können wir rechts abwärts nochmals baden. Ansonsten biegen wir links in die Breitbrunnerstraße und radeln nach Breitbrunn. Dort queren wir die Autostraße, radeln am Friedhof vorbei, links in die Jaudesbergstraße und dann rechts zur Wörthseestraße, wo wir der Beschilderung nach Utting folgen. Über Ellwang und Rausch rollen wir schließlich abwärts zur Uferpromenade von Herrsching, von der wir links den Bahnhof wieder erreichen.

6 Herrsching am Ammersee besitzt einen wunderschönen Kurpark direkt am Seeufer. In ihm steht ein gar nicht mal so kleines Schlösschen, das sich der erfolgreiche Münchner Genremaler Ludwig Scheuermann in den Jahren 1888 bis 1889 bauen ließ, um hier jeden Sommer großzügige Künstlerfeste zu feiern. Heute wird es Kurparkschlösschen genannt und kann für Ausstellungen oder sonstige Veranstaltungen gemietet werden.

Auf einen Blick

47 km

280 Hm

4 Std.

mittel

Ausgangs-/Endpunkt Herrsching Bahnhof

Anfahrt Auto: A96 und Landstraße nach Herrsching am Ostufer des Sees. Am ausgeschilderten Bahnhof gibt es Parkplätze; Bahn/Bus: S8 nach Herrsching am Ammersee

Wegbeschaffenheit Fast ausschließlich Radwege und wenig befahrene Nebenstrecken. In der zweiten Hälfte gibt es ein paar Höhenmeter.

7

RUNDTOUR MIT AUSSICHT UND BADESPASS

VOM STARNBERGER SEE NACH ANDECHS

Der Starnberger See und der Ammersee sind die größten Seen im sogenannten Fünfseenland. Geschaffen durch die letzte Eiszeit, prägen sie die Landschaft südlich von München. Ein lang gezogener Moränenhügel trennt die beiden Seen, die für ihre landschaftliche Schönheit, für die Wassersportmöglichkeiten, die Seeschifffahrt und das kulturelle Angebot bekannt sind. Mit dem Fahrrad kann man die Gegend besonders intensiv erkunden. Vor allem, wenn man ein E-Bike fährt, ist die Tour ein Kinderspiel, denn im Auf und Ab kommen doch einige Höhenmeter zusammen. Auf dem Höhenrücken werden wir mit schönsten Aussichten belohnt, vom Bergpanorama bis zum Seeblick. Aber die Tour eignet sich auch für Genießer und Kulturinteressierte, denn es liegen nicht nur einige schöne Picknickstellen am Weg. Auch das Kloster Andechs lockt mit Einkehr und natürlich mit wahrlich großer Kirchenkunst.

1

KM 1

MAISINGER SCHLUCHT

Naturidyll vor den Toren Starnbergs

2

KM 5,6

MAISINGER SEE

Baden im dunklen Moorweiher

3

KM 15,5

ANDECHS

Benediktinische Ordensregel

In Tutzing gibt es am Bleicherpark einen ruhigen Platz am Starnberger See, erreichbar über den Schlösserweg.

Bei Föhn scheint die Alpenkette direkt hinter dem Starnberger See aufzuragen.

4

KM 25,2

KERSCHLACH

Aussichtsreiches Gut zwischen den Seen

5

KM 32

TUTZING

Zurück am Starnberger See

6

KM 39,5

POSSENHOFEN

Wo Kaiserin Sisi aufwachsen durfte

Zum Aussichtspunkt auf die Ilkahöhe geht es nur zu Fuß.

KM 1

Vom Starnberger Bahnhof starten wir nach links auf der Bahnhofstraße und radeln leicht bergauf zur großen Kreuzung in die Söckinger Straße. Diese queren wir geradeaus und biegen dann links in die Maisinger-Schlucht-Straße ein. Kurz darauf radeln wir am Maisinger Bach entlang.

1 Durch die Maisinger Schlucht führt auch ein beliebter Wanderpfad, Fußgänger haben deshalb stets Vorrang, wenn wir radeln. Die Schlucht ist nicht so dramatisch wie eine Klamm im Gebirge, trotzdem hat sich der Maisinger Bach tief in die Nagelfluhschichten hineingefressen. Ein so unverhofftes Naturjuwel erwartet man eigentlich nicht direkt vor den Toren der Stadt Starnberg. Umso schöner ist der Wegabschnitt. Der Bach begleitet uns über die ganze Strecke, dazu wechseln wir ein paar Mal das Ufer.

KM 5,6

Am Ende der Schlucht erreichen wir Maising. Dort radeln wir links zur Dorfstraße und folgen ihr zum Gasthof Ludwig. Ihm gegenüber führt ein schmaler Weg direkt über die Felder zum Maisinger See und dem Maisinger Seehof.

i-TÜPFELCHEN

TRAUMPLÄTZE

Zwei der schönsten und aussichtsreichen Rastplätze liegen direkt an der Strecke: der erste am Stephansbichl, der zweite kurz vor dem Gut Kerschlach.

2 **Im Maisinger See** kann man im Sommer herrlich baden. Es handelt sich um einen Naturmoorsee, deshalb gibt es auch keine Badeaufsicht. Dafür erwärmt sich das dunkle Wasser erstaunlich schnell. Einen guten Zugang gibt es vom erhöhten Damm am Gasthaus. Das hat von Ostern bis etwa Mitte Oktober geöffnet (montags ist allerdings Ruhetag).

KM 15,5

Wir fahren am Ostufer des Maisinger Sees weiter und kommen über die Felder nach Aschering. An der Kirche finden wir einen Wegweiser Richtung Andechs. Jetzt geht es immer auf dem Hauptweg aufwärts in den Wald. Schließlich treffen wir auf die Fahrstraße nach Machtlfing. Auf ihr geht es etwa 150 Meter nach links, dann zweigt rechts ein Weg ab, der uns über die Felder an der Justizvollzugsanstalt Rothenfeld vorbei zur großen Autostraße Starnberg–Andechs führt. Wir biegen links auf den Radweg ein, queren dann die Straße und folgen an der Friedenskapelle dem Pilgerweg zum Kloster Andechs.

Am Maisinger See

3 **Das Kloster Andechs** geht auf eine Burg der Herzöge von Andechs-Meranien zurück, die aber nach dem Aussterben der Andechs-Meranier verfallen ist. Als dann jedoch ein bedeutender Reliquienschatz in der ehemaligen Burgkapelle gefunden wurde, setzte eine Wallfahrt ein, die bis heute anhält. Betreut wird Andechs von der Benediktinerabtei St. Bonifaz in München. Neben der bekanntesten Benediktinischen Regel – »Ora et Labora« – gibt es auch noch die Verpflichtung zur Gastfreundschaft. Und so gibt es nach alter klösterlicher Tradition eine Brauerei sowie ein Bräustüberl, wobei diese Verkleinerungsform »Stüberl« wohl irreführt. Etwa 1500 Gäste können die Andechser nämlich gleichzeitig bewirten, und jeder darf, wenn er will, sogar seine eigene Brotzeit mitbringen. Aber das lohnt sich kaum, denn die reiche Brotzeitkarte genügt allen Ansprüchen. Am besten sperrt man das Fahrrad am Fuß des Heiligen Berges ab und genießt die klösterliche Pause. Die Klosterkirche allein schon zieht mit ihrer überbordenden barocken Pracht jeden Besucher in ihren Bann. Der wertvolle Reliquienschatz ist jedoch nur mit einer Führung zugänglich.

Für Technik-Fans: Die Andechser Brauerei lässt sich auch mit einer Virtual Reality Brille besichtigen.

Alte Poststation in Kerschlach

KM 25,2

Wir fahren auf der Andechser Straße nach Erling. Am Gasthaus zur Post queren wir die Straße in den Kerschlacher Weg. Kurz nach der Andechser Molkerei Scheitz halten wir uns links (Schild Machtlfing), umkurven bald den Stephansbichl mit Kapelle und erreichen Machtlfing. Dort geht es rechts in die Pähler Straße und weiter entsprechend den Schildern nach Kerschlach.

4 Gut Kerschlach Bevor wir zum Gut radeln, liegt links ein Aussichtshügel – der perfekte Platz für eine Schaupause auf der Wiese: An klaren Tagen kann man die ganze Alpenkette sehen. Das Gut Kerschlach gehörte einst zum Kloster Andechs, bis es nach der Säkularisation zunächst in Staatsbesitz gelangte, dann aber veräußert wurde. Nach einigen Besitzerwechseln kam es in die Hand der Missionsbenediktinerinnen von Tutzing, die es zu einem Mustergut ausbauten. 1997 wurde es erneut verkauft; aus dem einstigen Landwirtschaftsbetrieb mit Kuh- und Schweinemast ist nun ein großer Pferdehof geworden, wo es auch viele Kleintiere gibt. Nachhaltigkeit wird großgeschrieben, vor allem im Pflanzenanbau. Neue Wohnungen wurden errichtet, und für Feierlichkeiten kann man das Gut mieten. Mittwoch bis Sonntag ist die Tagesbar geöffnet. Es gibt Kaffee und Kuchen sowie kleine Tagesgerichte.

Am Aussichtspunkt bei Kerschlach

Löwen bewachen das Midgardhaus in Tutzing.

KM 32

Wir verlassen das Gut Kerschlach auf der mit Bäumen gesäumten Straße leicht aufwärts, queren die B2 geradeaus in den Feldweg und folgen der Beschilderung nach Monatshausen. Kurz darauf treffen wir wieder auf eine geteerte Straße. Dieser folgen wir kurz nach rechts und biegen dann links in die Monatshauser Straße ein (Schild Tutzing). Stets in östliche Richtung fahrend, passieren wir die Allee am Ausläufer der Ilkahöhe. Ein kurzer Abstecher zu Fuß würde auf den beliebten Aussichtspunkt führen. Ansonsten rollen wir weiter bergab nach Tutzing. Wer schon müde ist und die Tour beenden möchte, kann kurz vor der Unterführung links zum Bahnhof Tutzing radeln und mit der Bahn zurückkehren.

5 **Tutzing** wird öfter in den Medien erwähnt, denn im Schloss finden verschiedene Tagungen in der Evangelischen Akademie statt. Das vornehme Schloss steht direkt am Seeufer; vom Landesteg Tutzing kann man einen Blick drauf erhaschen und im Sommer hier sogar übernachten.

KM 39,5

Vom Bahnhof in Tutzing folgen wir der Bahnhofstraße hinunter zur Hauptstraße. Für ein kurzes Stück geht es nach links, dann biegen wir rechts zum Ufer des Starnberger Sees ab und folgen dem Uferweg nach Norden. Zu Beginn muss man ein kleines Stück an der Uferpromenade schieben, dann gibt der Starnberger Seerundweg den weiteren Verlauf der Strecke an. Es geht über Garatshausen in den Feldafinger Schlosspark und vorbei an der Roseninsel nach Possenhofen.

Sisis alte Heimat: Schloss Possenhofen

Wer Zeit hat, kann das Rad im Schlosspark Feldafing abstellen und mit dem Fährboot die Roseninsel besichtigen.

TRAUMHAFT

SCHÖNE PAUSEN

Für Genussmomente sorgen neben Andechs weitere Einkehrmöglichkeiten am Westufer. Sehr schön sind das Midgardhaus in Tutzing oder das Forsthaus am See bei Feldafing.

6 Schloss Possenhofen versteckt sich hinter einigen hohen Büschen, aber wir können trotzdem einen guten Blick darauf erhaschen. Hier verbrachte die spätere österreichische Kaiserin und Königin von Ungarn Elisabeth, besser bekannt als Sisi, ihre Kindheit. Drei Jahre vor ihrer Geburt, 1834, erwarb ihr Vater Herzog Maximilian Joseph in Bayern das Schloss. Es lässt sich aber leider nicht besichtigen, denn es wurde zu Privatwohnungen umgebaut.

KM 45

Kurz nach dem Schloss Possenhofen verlassen wir den See und radeln im leichten Auf und Ab durch den Wald nach Niederpöcking. Der Ort ist mittlerweile mit Starnberg zusammengewachsen. Unter der Woche lohnt es sich, rechts durch die Unterführung direkt an die Seepromenade zu radeln, um zumindest Starnbergs schöne Seite kennenzulernen. An Wochenenden ist dort leider viel los, da hilft nur schieben! So steuern wir den Starnberger Bahnhof direkt über die Uferpromenade an und haben das Ende der Runde wieder erreicht.

7 Starnberg liegt am Nordende des Starnberger Sees. Wegen der vielen Durchfahrtsstraßen, des erheblichen Stadtverkehrs und der Gleise der S-Bahn direkt entlang der Uferpromenade ist Starnberg weit weniger malerisch, als man vermuten würde. Ein richtiges Zentrum lässt sich nur schwer ausmachen. Trotzdem besitzt die Stadt einige schöne Sehenswürdigkeiten, allen voran die Pfarrkirche St. Josef mit dem von Ignaz Günther geschaffenen Hochaltar auf einem Hügel über der Stadt. Direkt an das Gotteshaus schließt sich der Schlossgarten an, der zum ehemaligen Schloss, dem heutigen Finanzamt, führt.

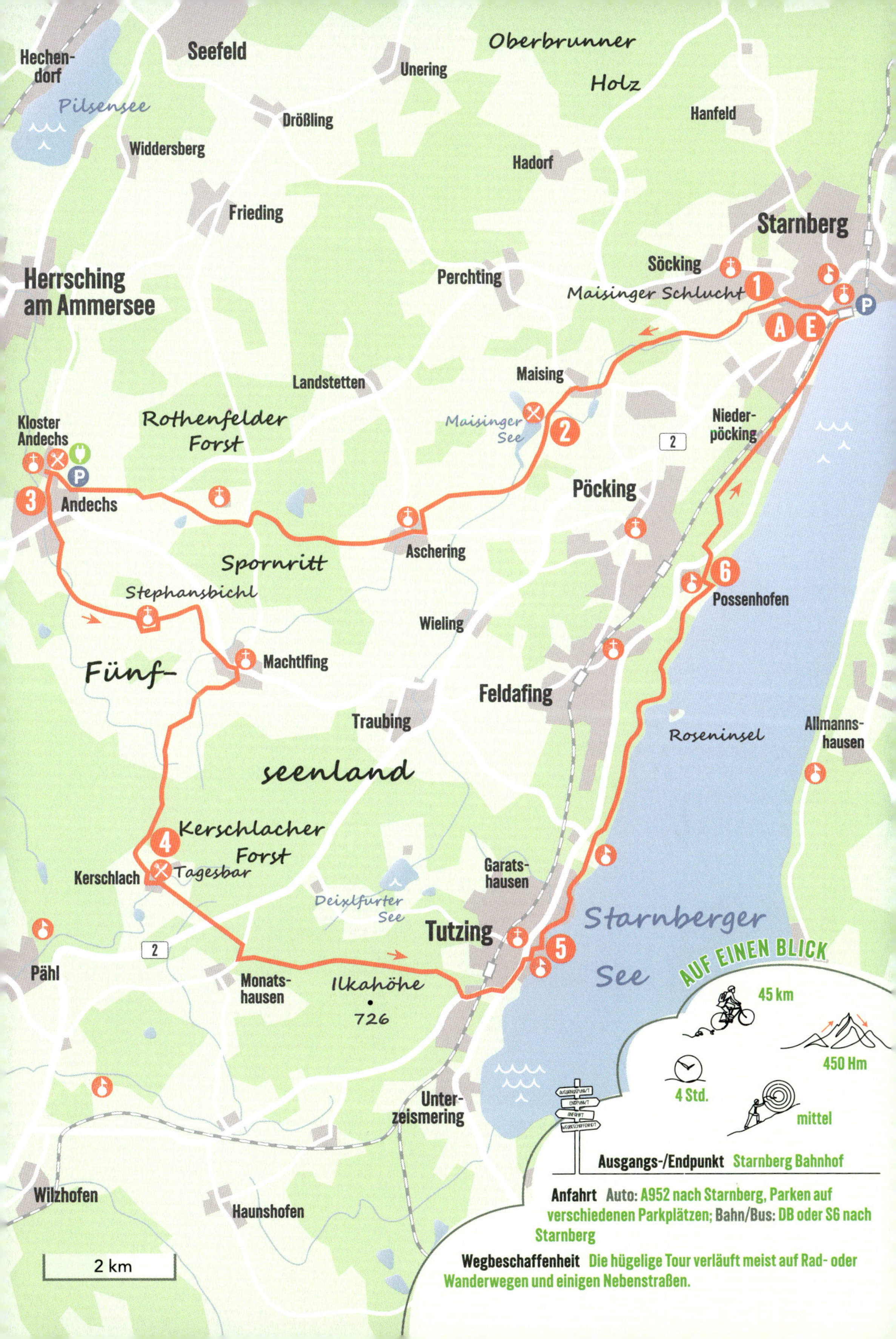

AUF EINEN BLICK

45 km

450 Hm

4 Std.

mittel

Ausgangs-/Endpunkt Starnberg Bahnhof

Anfahrt Auto: A952 nach Starnberg, Parken auf verschiedenen Parkplätzen; Bahn/Bus: DB oder S6 nach Starnberg

Wegbeschaffenheit Die hügelige Tour verläuft meist auf Rad- oder Wanderwegen und einigen Nebenstraßen.

8

KUNST UND KULTUR ZWISCHEN FLUSS UND SEE

VON TUTZING NACH WEILHEIM

Auf dieser ausgedehnten Runde sollte man sich viel Zeit für Besichtigungen lassen. Städte wie Weilheim oder Tutzing, Klosterdörfer wie Polling und Bernried und so manche Naturschätze wie der Haarsee oder die Magnetsrieder Hardtwiesen liegen entlang der Strecke. Sogar mit Bergblicken geizt die Runde nicht, auch wenn wir dafür den einen oder anderen Moränenhügel erobern müssen, der den Starnberger See von der großen Ebene der Ammer trennt.

KM 9,5

Startplatz dieser Radtour ist der Bahnhof von Tutzing. Wir radeln nach Süden und folgen der Lindenmannstraße rechts bergauf. In der Linkskurve der Straße fahren wir geradeaus in die kleinere Straße, die Richtung Monatshausen beschildert ist. Wer ein E-Bike hat, ist sicherlich froh, so den anstehenden Moränenhügel leicht bezwingen zu können. Nach einem einsamen Weiler erreichen wir eine Vorfahrtsstraße. Hier geht es zuerst rechts und dann links in Richtung

1

KM 9,5

PÄHL

Liebesnest über dem Dorf

2

KM 12,5

AMMER

Idyllischer Flussradweg

3

KM 21

WEILHEIM

Quirlige Stadt mit langer Geschichte

4

KM 27,2

STOA 169

Säulenhalle mit Kunst für jedermann

Die Ammer bei Weilheim wurde renaturiert und darf wieder wilder fließen.

Gut Kerschlach weiter. Über die Bundesstraße B2 ist das Gut schnell erreicht. Dort folgen wir der Radwegbeschilderung nach Pähl, wobei sich der Weg gleich teilt. Wir wählen den rechten (beziehungsweise eigentlich den mittleren) Abzweig und folgen dem Feldweg mit Aussicht um den Hügel. Abwärts durch den Golfclub Hohenpähl, weisen uns die Radwegzeichen über die Obere Burgleite schließlich in die Ortsmitte von Pähl.

1 **Das Auffälligste an Pähl** ist das große Hochschloss, errichtet im Stil von Schloss Neuschwanstein. Eine mittelalterliche Burg wird imitiert, es stammt aber von 1885. Damals gehörte die Burg Franz Hanfstaengel, einem Porträtmaler und Fotografen. Sie war auch das Versteck eines ungleichen Liebespaares: von Edgar Hanfstaengel, Sohn des Besitzers, und Sophie von Bayern, Sisis Schwester und Verlobte von König Ludwig II.

5

KM 30,5

POLLING

Über die Freiheit in Bayern

6

KM 44

HARDT

Landschaftliches Kleinod mit Feuchtwiesen

7

KM 51,5

BERNRIED

Perle am Starnberger See

Im Zuge der Renaturierung hat man Rastplätze am Ufer geschaffen.

KM 12,5

Vorbei an der Pähler Dorfkirche wird die Straße zur Ammerseestraße, in die wir rechts einbiegen. An ihrem Ende folgen wir nicht der Rechtskurve, sondern fahren geradeaus in die Raistingerstraße (Schild Raisting). Am Ende der Bebauung folgen wir rechts den Radwegschildern und unterqueren nach links die große Staatsstraße. Auf der anderen Seite beginnt wieder ein Radweg, dem wir kurz nach links folgen. Dann geht es rechts auf die Raistinger Straße, leider ohne Radweg! So erreichen wir die Ammer, queren diese und folgen links dem Radweg in Richtung Weilheim.

2 Die Ammer Sie hat dem Ammersee ihren Namen gegeben. Der Fluss entspringt am Eingang des Graswangtals in der Nähe von Oberammergau aus gleich mehreren Quellen. Auf dem Streckenabschnitt nach Weilheim radeln wir mal mehr, dann wieder weniger nahe am Fluss entlang. Anfangs erhaschen wir rechts von uns noch einen Blick auf die großen Parabolschirme der Raistinger Erdfunkanlage. Die Ammer eignet sich hervorragend für eine Pause. Einige Rastbänke mit Blick auf den Fluss folgen. Viele seltene Vögel, darunter jede Menge Störche, Grau- und Silberreiher. Störche sieht man auf den Feldern Nahrung suchen.

TRAUMHAFT

VERBINDUNG INS ALL

Von der Ammerbrücke aus kann man mit einem Abstecher die Erdfunkstelle in Raisting besichtigen. Die Randome, früher Eigentum der Deutschen Bundespost, sind heute ein Industriedenkmal.

KM 21

Vorbei am Ammerhof, folgen wir jetzt immer der Beschilderung nach Weilheim. Wir unterqueren die Eisenbahn und wechseln an der nächsten Brücke auf die andere Flussseite. Dort teilt sich der Radweg; diesmal halten wir uns rechts, um auf dem Ammerdamm weiterzufahren. So kommen wir in den Genuss der neu angelegten Renaturierungsflächen. Nach der großen Ammerbrücke folgen wir den Radwegschildern für einen Abstecher in die Altstadt von Weilheim.

STOA 169 – ein tolles Kunstprojekt

3 **Weilheim** war früher das Zentrum des Pfaffenwinkels, denn aus der Stadt konnte man mit dem Pferd jedes bedeutende Kloster der Umgebung innerhalb eines Tages erreichen. So verwundert es nicht, dass Handel und Handwerk äußerst einträglich waren. Weilheim konnte sich eine mächtige Stadtmauer leisten, die bis heute erhalten ist. Sogar mitten im Dreißigjährigen Krieg war genug Geld da, um die gewaltige Stadtpfarrkirche Mariä Himmelfahrt neu zu bauen und dafür den Münchner Hofkünstler Hans Krumpper zu engagieren. Das alte Rathaus beherbergt die reichen Sammlungen des Stadtmuseums mit Schwerpunkt auf die Künstler des Pfaffenwinkels. Mehrstöckige Geschäftshäuser begrenzen den Marienplatz; seinen Namen hat er von der Mariensäule, die der Weilheimer Bildhauer Hans Degler geschaffen hat.

Vier-Jahreszeiten-Brunnen in Weilheim

KM 27,2

Zurück an der Ammerbrücke, bleiben wir in Flussnähe, die Radwegschilder leiten uns flussaufwärts nach Polling. Wir fahren so lange, bis wir auf das Kunstwerk STOA 169 stoßen.

4 **STOA 169** ist eine offene Säulenhalle unweit der Ammer mitten auf einer Wiese. Das Projekt wurde vom Pollinger Künstler Bernd Zimmer angeregt, der es mit viel Energie und Ausdauer umsetzte. Mehr als 120 Künstler aus aller Welt gestalteten jeweils eine Säule in der einem griechischen Tempel nachempfundenen Stoa. Diese kreative Wandelhalle ist als Ort der geistigen Begegnung zu verstehen, wo man Kunst in ihrer ganzen Vielfalt erleben kann. Die Halle ist frei zugänglich, um eine Spende wird gebeten.

KM 30,5

Nach der Säulenhalle bleiben wir noch ein kurzes Stück an der Ammer, dann radeln wir unter der nächsten Brücke durch und halten uns sofort links, um auf die darüberführende Straße zu gelangen. Wir wenden uns auf der Straße nach rechts. Es geht bergauf, leider schon wieder ohne Radweg. Aber bereits an der nächsten Abzweigung geht es für uns links in eine kleinere Straße, die uns in die Ortsmitte von Polling führt. Über den Triebenbach kommen wir direkt zum Kloster.

5 Polling Über dem Kircheneingang von Polling prangt groß »Liberalitas Bavariae« in goldenen Buchstaben Der Sinnspruch dokumentiert die Freiheit des Denkens, die einst in den Klostermauern herrschte. Nach einer Legende fand 750 Herzog Tassilo bei einer Jagd hier drei Kreuze und eine kostbare Reliquie. Deshalb ließ er hier ein Kloster errichten, in dem die heiligen Gegenstände verehrt werden konnten. Eines der Kreuze ist im Hochaltar der Klosterkirche zu sehen, allerdings kann man es nur durch ein kunstvoll geschmiedetes Gitter bewundern. Das Innere der Kirche ist aufwendig barockisiert, alle Decken und Wände wurden im zartrosafarbenem Wessobrunner Stuck von Josef Schmutzer gestaltet. Die Figuren stammen von keinem Geringeren als Johann Baptist Straub und zeigen die Stifterfiguren: das Kaiserpaar Heinrich und Kunigunde.

Es sind die Kleinen Dinge am Wegesrand, die Freude bereiten.

Der Haarsee ist ein herrliches Naturjuwel.

KM 44

Für die Weiterfahrt folgen wir vor dem Kloster der Rechtskurve und wenden uns dann in der Linkskurve rechts in die Längenlaicher Straße. (Schild Etting). Nach dem Ort biegen wir rechts in die ansteigende Straße ein, passieren den Sportplatz und den kleinen Jakobssee und erreichen kurz darauf links die B2. Diese queren wir vorsichtig; danach sind wir auf einem kleinen Sträßchen unterwegs. Auf dem Hauptweg geht es stetig nach Osten. Dabei queren wir eine Menge Straßen, touchieren den Rand von Eberfing, fahren weiter geradeaus, bis wir eine letzte größere Straße queren und der Beschilderung zum Haarsee in den Wald folgen. Am Gut Hischberg wendet sich der Weg nach links und vor der nächsten Toreinfahrt nach rechts. Durch die kleine Allee erreichen wir den Haarsee mit seinem Badgelände. Danach geht es links über den Parkplatz. Auf der Zufahrtsstraße erreichen wir eine größere Autostraße, fahren rechts bergauf und bald auf einem Radweg nach Magnetsried. An der Kirche biegen wir links ein und folgen der Radwegbeschilderung zur Hardtkapelle.

6 Hardt Die Hardtkapelle erreichen wir durch das Naturschutzgebiet Hardtwiesen – vor allem im Frühsommer ein Traum. Unzählige Sumpfgladiolen strecken ihre pinkfarbenen grazilen Blüten in Richtung Himmel. Gelbe Iris geben sich ein Stelldichein, und zahllose Schmetterlinge und Libellen lieben die feuchten Wiesen, die leicht gewellt das typische Landschaftsbild der letzten Eiszeit zeigen. Vereinzelt wachsen knorrige Kiefern oder mächtige Eichen. Den Abschluss bildet die Hardtkapelle, deren Entstehungssage wir an einem Infoschild nachlesen können.

Das Buchheim Museum in Bernried

Für eine Einkehr in Bauerbach lohnt sich der Abstecher rechts in die Ortsmitte zum Gasthaus Steidl.

TRAUMHAFT

ECHTE KUNST

In Bernried erreichen wir das Buchheim Museum, das die Sammlung von Lothar Buchheim, einem Künstler und Autor des Buches »Das Boot«, beherbergt und Sonderausstellungen veranstaltet.

KM 51,5

Vor der Hardtkapelle folgen wir der Straße nach rechts bergab und bergauf bis nach Bauerbach. Dort wählen wir die zweite (größere) Straße nach rechts, die nur den Rand von Bauerbach streift, um anschließend über Felder und vorbei an den Häusern von Gallafilz und Unterholz mit seinem großen feudalen Pferdegestüt zu fahren. Im Ortsteil Hapberg erreichen wir Bernried auf der Weilheimer Straße. Ihr folgen wir über die Bahn bis zur Vorfahrtsstraße. Dort biegen wir links ein und rollen das letzte Stück auf der Tutzinger Straße bergab.

7 **Bernried** ist verstreut auf viele Ortsteile. In der Linkskurve der Tutzinger Straße können wir rechts das Kloster Bernried besuchen, das schon seit über 900 Jahren hier am Starnberger See steht und heute von den Missionsbenediktinerinnen aus Tutzing betrieben wird. Die Klosterkirche ist tagsüber offen. Hinter dem Kloster gibt es einen schönen Badeplatz, alternativ bietet sich der Hofladen mit Café für eine Pause an.

In Bernried halten wir uns links, und bald beginnt der Radweg, der uns vorbei am Buchheim Museum leicht bergauf zum Museumsparkplatz bringt. Weiter in Fahrtrichtung passieren wir die Höhenrieder Klinik, dahinter beginnt ein wunderschöner Radweg durch eine Allee. Tutzing ist bereits beschildert. Über Unterzeismering kommen wir zum großen Kreisverkehr in Tutzing. Hier links abbiegen und wieder auf der Lindemannstraße zurück zum Ausgangspunkt.

AUF EINEN BLICK

58 km

350 Hm

4,5 Std.

mittel

Ausgangs-/Endpunkt Tutzing Bahnhof

Anfahrt Auto: B2 und Landstraße nach Tutzing, Parkplätze am Bahnhof; Bahn/Bus: DB oder S6 nach Tutzing

Wegbeschaffenheit Fast über die gesamte, leicht hügelige Strecke radelt man auf teils geteerten, teils ungeteerten Radwegen und kleinen Nebenstraßen.

9

VON DER ISAR ZUR LOISACH

ZWISCHEN GERETSRIED UND WOLFRATSHAUSEN

Ruhig, stressfrei und meist völlig abseits von jeglichem Autoverkehr radeln wir auf einsamen Wegen durch die unter Naturschutz stehenden Isarauen zur Stadt Geretsried mit ihrer recht jungen, aber doch tragischen Geschichte. Über den Malerwinkel geht es leicht hinauf zu eiszeitlichen Moränenhügeln. Wälder und Felder wechseln sich ab, und wir kommen nach Königsdorf. Von dort radeln wir durch ein weites Moorgebiet zum Klosterdorf Beuerberg, wo wir die beiden Kirchen und das Museum bewundern, bevor wir dem Wasserlauf des Loisachkanals folgen, der uns zurück in die alte Flößerstadt Wolfratshausen bringt. Dazwischen bremsen uns natürlich diverse Cafés und eine traditionsreiche Tafernwirtschaft aus, abgesehen von der wunderschönen Landschaft, die vor allem durch die beiden Flüsse Isar und Loisach geprägt ist.

1

KM 8

GERETSRIED

Die versteckte Munitionsfabrik

2

KM 21,5

ROTHENRAIN

Kleiner Weiler mit nettem Bauernhofcafé

3

KM 27,5

KÖNIGSDORF

Ein Bilderbuchdorf mit Traditionswirtshaus

Das Loisachufer bei Gelting ist stark zugewachsen.

KM 37,5

BEUERBERG

Kloster, Museum und mehr

KM 46

GELTING

Für den Hauch »Dolce Vita« in Oberbayern

KM 50

WOLFRATSHAUSEN

Flößerstadt mit langer Marktstraße

Beuerberg mit seinen beiden Kirchen über der Loisach

KM 8

Vom Bahnhof Wolfratshausen radeln wir an der Bahnschranke links über die Gleise in die Sauerlacher Straße. Der Fußweg auf der linken Straßenseite ist gleichzeitig Radweg. Wir passieren die Nantweiner Kirche, verlassen Wolfratshausen und fahren kurz vor der Beschilderung »Geretsried« unter der Brücke hindurch; der Radweg ist identisch mit dem Fernradweg München–Venedig. Schon sind wir in den Isarauen, queren mit einem Knick den Loisachkanal und passieren Waldram. Viele Pfade führen links direkt zu den Kiesbänken der Isar. Im Geretsrieder Ortsteil Gartenberg treffen wir wieder auf Zivilisation. Wir bleiben geradeaus und radeln nun stets, auch über den Linksknick, auf der Straße Isardamm bis zum Eisstadion.

Die blaue Schepperbrücke über der Loisach

TRAUMHAFT

ISARFLIMMERN

An der Isar kann man eigentlich überall baden oder sich zumindest erfrischen. Der keltische Name »Isaria« bedeutet übrigens »wild, reißend«. Und es gibt Jahreszeiten, da ist die Isar auch so.

1 Dort, wo heute Geretsried steht, befand sich im Dritten Reich eine riesige Munitionsfabrik, gut getarnt unter den Bäumen. Viele Zwangsarbeiter mussten hier arbeiten. Erst am Ende des Zweiten Weltkriegs entdeckten Amerikaner die Fabrik, die die Zerstörung des Rüstungsbetriebs anordneten. Bis heute lassen sich auffällige alte Gebäude, Bunker (am Parkplatz des Eisstadions) oder Betonzaunpfosten, alles Überbleibsel aus dieser Zeit, entdecken. Es gibt einen Lehrpfad »Weg der Geschichte«, der viel über die Vergangenheit der Stadt erzählt. Sehr sehenswert ist auch das Museum hinter dem Rathaus (Abstecher), das vor allem die Zeit nach dem Zweiten Weltkrieg beleuchtet, als Geretsried zu einer der großen bayerischen Vertriebenenstädte wurde.

In Gelting gibt es noch viel Brauchtum.

KM 21,5

Nach dem Stadion ist der Radweg wieder frei von Autoverkehr, und wir folgen der Beschilderung nach Bad Tölz. Vorsichtig queren wir die große Tattenkofener Straße, dahinter führt der Weg links weiter. Wir queren auch die Jeschkenstraße, 300 Meter später weist uns das Radwegschild »Bad Tölz« nach rechts. Jetzt folgen wir stur dem Schild, das uns im Zickzack durch den Wald am Rand von Geretsried entlangführt. Bald bewältigen wir eine erste Steigung hinauf zum Isarsteilufer. So kommen wir zum Aussichtspunkt Malerwinkel, der sich etwas links von uns befindet. Ein Stück weiter geht es wieder abwärts. Hier das Tempo drosseln, denn kurz nach dem einsamen Haus biegen wir links ab. Der kleinen Teerstraße folgen wir nach links, passieren die Jugendsiedlung Hochland und einen Reiterhof. Dann erreichen wir eine größere Autostraße, der wir gut 300 Meter nach rechts folgen, um danach links zur Siedlung Rothenrain hinaufzuradeln.

Ausblick vom Malerwinkel

1912 erwarb der Ingenieur Robert Bosch Mooseurach und das Gut samt Ländereien. Heute leben dort fast nur Künstler.

Gut, wer Schwammerlkenner ist!

2 **Rothenrain** thront in schönster Aussichtsmanier auf einem Hügel. Fernsichten auf das Tölzer Land und die nahen Berge sind schon garantiert. Der kleine Weiler ist etwas auseinandergerissen, aber wenn wir wieder leicht abwärts radeln, erreichen wir das nette »Café – bleib steh« (nur freitags und an Wochenenden geöffnet).

KM 27,5

Gegenüber dem Café geht es zwischen den Höfen weiter. Achtung! Der nächste Wegabschnitt ist kaum beschildert. Vorbei an der Kapelle, halten wir uns vor dem letzten Hof rechts. Nun geht es wieder durch den Wald, und wir erreichen Wolfsöd. Wir folgen der Straße, die leicht bergab zu einer größeren führt. Auf dieser fahren wir nun nach rechts, bald bergauf durch den Wald nach Krauth und weiter nach Königsdorf.

3 **Königsdorf** mit seiner hübschen Zwiebelturmkirche St. Laurentius liegt leicht erhöht über der Ebene des Königsdorfer Moores. In der Ortsmitte gibt es das sehr gute und bereits öfter mit einem Staatspreis ausgezeichnete Posthotel Hofherr – eine gute Adresse, um bei leckerer bayerischer Küche einzukehren.

Geretsrieder Bunkerreste sind stumme Zeitzeugen der bewegten Stadtgeschichte.

Entspannt ist die Rückfahrt entlang des Kanals.

KM 37,5

Wer nicht einkehren möchte, radelt gleich am Ortsanfang links in die Sedlmeierstraße, die zur Mooseuracher Straße wird (alternativ vom Posthotel der Beschilderung nach Mooseurach folgen). Leicht abwärts geht es nun durch das Königsdorfer Moorgebiet, vorbei am Gut Mooseurach sowie der kleinen Häusersiedlung und durch eine Birkenallee zum Boschhof. Dahinter queren wir die Loisach und stoßen auf eine Autostraße. Rechts bringt uns der Radweg bis Beuerberg. Die Straße »Am Pfarranger« führt rechts zum einstigen Kloster und den zwei Kirchen.

4 **Beuerberg** besitzt, äußerst ungewöhnlich für ein so kleines Dorf, gleich zwei Kirchen. Eine war einst nur für das Kloster gedacht, die andere für die Beuerberger selbst. Bis 2014 lebten im Kloster Salesianerinnen, nun gehört es der Erzdiözese München-Freising. Sie baut das Kloster zurzeit um. In den historischen Räumen entstehen eine Tagungsstätte sowie ein Museum, das sich mit wechselnden Ausstellungen dem Thema »Klosterleben« widmet.

KM 46

Für die Weiterfahrt radeln wir durch die Klosterstraße zur Herrnhauserstraße, die uns bergab zur Loisachbrücke bringt. Wir queren die Loisach, biegen dann jedoch vor dem Loisachkanal links auf den Dammweg. Jetzt bleiben wir über alle querenden Straßen hinweg immer in Ufernähe des Kanals. So erreichen wir Gelting. Das Dorf erkennen wir an seinen Steinbrücken und der Zwiebelturmkirche. Dort biegen wir rechts in den Bahnweg ein. An dessen Ende geht es links zum Café Servus und zur Weiterfahrt. (Alternativ führt der Weg rechts zur Kirche.)

Zum Abschluss in den Biergarten des Café Servus

Das Café Servus in Gelting ist perfekt für die finale Einkehr. Es serviert den besten Cappuccino diesseits der Alpen!

TRAUMHAFT

LOKALPATRON

In der Nantweiner Kirche befindet sich das Grab des heiligen Nantovinus, eines frommen Pilgers, der auch im Theaterstück »Brandner Kaspar« verewigt wurde.

5 **Gelting** gehört zu den ältesten Dörfern der weiten Umgebung. Der Ort unterstand früher dem Kloster Benediktbeuern, deshalb ist die Kirche außergewöhnlich reich geschmückt. Ein Abstecher rechts zur Dorfkirche St. Benedikt lohnt sich definitiv. Ausgezeichnet ist auch das nette Café Servus (s. Tipp)! Das reiche Kuchenangebot runden kleine Brotzeiten perfekt ab!

KM 50

Am Ortsende von Gelting biegen wir anschließend vor dem Kanal rechts in die Unterfeldstraße ein. Auf dem Feldweg folgen wir dem Kanal, fahren bald unter der B11 hindurch und in einem Rechtsbogen zum parallel zur B11 verlaufenden Radweg. Wolfratshausen und die S-Bahn sind dort schon ausgeschildert.

6 **Wolfratshausen** liegt am Zusammenfluss von Loisach und Isar. Die Altstadt zieht sich über 400 Meter am linken Loisachufer entlang. Hoch über dem Steilufer stand früher eine mächtige Burganlage. 1743 explodierte die Burg nach einem Blitzeinschlag im Pulverturm und brannte bis auf die Grundmauern komplett nieder. Nicht nur die Burg, sondern auch die Flößerei prägten einst den Ort. Auf Holzflößen wurden Waren aller Art Richtung München geschifft. Das war allerdings nicht nur ein einträgliches, sondern auch ein gefährliches Geschäft, denn die Isar konnte wild und ungestüm sein. Das Handwerk fand mit dem Aufkommen des Zugverkehrs sein Ende. Die Wolfratshauser Flößerfamilien haben immer noch das verbriefte Recht des Transports auf der Isar. Und das nutzen sie weiterhin. Allerdings haben sie sich umorientiert und bringen nun vor allem Ausflügler nach München.

AUF EINEN BLICK

50 km

350 Hm

4 Std.

mittel

Ausgangs-/Endpunkt Wolfratshausen Bahnhof

Anfahrt Auto: A95 oder B11 nach Wolfratshausen, Parken am Bahnhof; Bahn/Bus: S7 nach Wolfratshausen

Wegbeschaffenheit Leicht hügelige Tour, meist auf Rad- und Feldwegen. Nur ein kurzer Teil verläuft auf einer Autostraße.

10

AUF KÜNSTLERSPUREN DURCH DAS BLAUE LAND

VON PENZBERG NACH MURNAU

Kleine und große Seen, mäandernde Bäche, hügelige Wiesen, ein paar prächtige Bauernhöfe und dazu der malerische Markt Murnau – bei dieser Radtour geht es mitten durch das »Blaue Land«. Ein zutreffendes Schlagwort, das sich die ansässigen Touristinfos von der Künstlervereinigung »Der Blaue Reiter« stibitzt haben, die zu Beginn des 20. Jahrhunderts die ganze Gegend so berühmt gemacht haben. Aussichten über kleine Dörfer oder auf die nahen Berge sind garantiert, auch wenn wir für die Erklimmung einiger Hügel entweder schwitzen oder den Akku unserer E-Bikes bemühen müssen. Zwischen Habach und Murnau liegen weite Feuchtgebiete, so abgelegen, dass man meint, es handele sich um Almwiesen. Die grasenden Kühe, die vielen Heuschober und die vereinzelten mächtigen Bäume unterstreichen diesen Charakter. Es ist ein Leichtes, bei dieser Radtour der wunderschönen Landschaft zu verfallen.

1

KM 4,8

SINDELSDORF

Heunoggen auf dem Malerweg

2

KM 17,3

FROSCHHAUSEN

Badespaß mit Bergpanorama

3

KM 19,8

MURNAU

Lebendiger Markt über dem Murnauer Moos

4

KM 24

RIEGSEE

Unser Lieblingsbadeplatz

Der Staffelsee bei Murnau lohnt immer einen kleinen Umweg.

5

KM 28,6

OBERSÖCHERING

Frühe Besiedlung aus der Bronzezeit

6

KM 33

REINTHAL

Aber bitte mit Sahne – im Bauernhofcafé

7

KM 38

ANTDORF

Blumenpracht samt Peter-und-Paul-Kirche

8

KM 45

PENZBERG

Multikulti im ehemaligen Bergarbeiterstädtchen

Oberbayerns schönster Flecken: das Fleckvieh vor den Bergen

KM 4,8

Wir beginnen unsere Radtour am Bahnhof in Penzberg und folgen der Sindelsdorfer Straße nach Süden. Der Fußweg ist gleichzeitig der Radweg. Am Ortsende geradeaus nach Süden, im Weiler Riedern rechts abbiegen, dem Schild »Sindelsdorf« über Riedern folgen. Wir erreichen Sindelsdorf im Leitenweg.

1 **Sindelsdorf** war von 1911 bis 1916 die Heimat des deutsch-niederländischen Malers Heinrich Campendonk, einem der Mitglieder der Gruppe »Der Blaue Reiter«, der wegen seiner Freundschaft zu Franz Marc den Weg in das oberbayerische Dorf fand. Auch Franz Marc lebte zeitweilig in Sindelsdorf, ebenso Jean Bloé Niestlé oder Bernhard Stange. Wer viel Zeit hat, kann sich hier auf den »Sindeldorfer Malerweg« begeben, einen Rundweg, der über 15 wichtige Künstlerstationen führt.

KM 17,3

Ansonsten radeln wir geradeaus auf der Kochler Straße durch Sindelsdorf und biegen nach der Off-Mühle am Ortsende rechts in die Straße ein, die bald links unter der Bahn hindurch zu den Sportplätzen führt. Dort halten wir uns rechts und folgen dem Sindelsbach nach Wes-

i-TÜPFELCHEN

TRAUMSCHLOSS

Kommt Ihnen das private Schloss Neuegling irgendwie bekannt vor? Kein Wunder – diente es schließlich in der ZDF-Serie »Herzflimmern – Die Klinik am See« als Drehort.

ten (Schild »Habach«). Nach dem Sägewerk erreichen wir die große Umgehungsstraße. Jetzt immer der Radwegbeschilderung nach, die uns im Zickzack am Rand der großen Bundesstraße vorbei und dann sicher durch eine Unterführung auf die nördliche Straßenseite bringt. Dort radeln wir links nach Habach, wo wir erneut links in die Höhlmühler Straße einbiegen. Aufwärts steigt die Straße kräftig auf den Eichbichl an, dann rollen wir abwärts an der Höhlmühle vorbei und folgen der Straße nach Süden. Schließlich passieren wir Lothdorf. Dort wendet sich die Straße nach Westen. Weiter geradeaus endet sie unweit des Riegsees in einer größeren Straße. Links sind wir gleich am Froschhausener See.

2 **Der Froschhausener See** ist neben dem Riegsee einer von zwei hervorragenden Badeplätzen auf dieser Tour. Wie in einem Infinity Pool mit Alpenblick kann man hier im Sommer seine Bahnen schwimmen. Seerosen und die nahe Zugspitze sorgen für einen weiteren Aha-Effekt. Gleich an den See grenzt der zugehörige Weiler mit seiner kleinen, hübschen, barock ausgestatteten St.-Leonhard-Kirche an. Gegenüber der Kirche werden wir anschließend unseren Radweg fortsetzen.

Stadtbrunnen von Penzberg

KM 19,8

Wer Murnau besuchen möchte, folgt geradeaus dem Radweg, der hier wieder ansteigt. Dann verlieren wir an Höhe und folgen der Straße, die – vorbei am Murnauer Gymnasium – als Sollerstraße zur Johannisstraße wird. Diese endet direkt am großen Obermarkt im Herzen der Murnauer Altstadt.

3 **Für Murnaus** Stadtbesichtigung stellen wir die Räder ab und ziehen zu Fuß los. Im Obermarkt herrscht immer reges Treiben in den vielen Cafés und Gasthäusern. Murnau thront auf einem kleinen Höhenrücken, der im Süden zum Murnauer Moos abfällt (s. S. 40 ff.). Nach der Eiszeit befand sich an dieser Stelle ein See, der inzwischen zu einem Moor verlandet ist. Von Nord nach Süd wird der Ort vom Ober- und Untermarkt durchquert. Im Zentrum steht das Rathaus mit dem Fresko von Kaiser Ludwig dem Bayern, der den Ort zum Markt erhoben hat. Östlich davon finden wir das ehemalige Schloss von Murnau. Es wird als Museum genutzt, in dem vor allem Werke der deutschen Expressionistin Gabriele Münter zu sehen sind. Die Künstlerin lebte bis zu ihrem Tod 1962 in ihrem Haus in Murnau, das man besichtigen kann. Ein besonderer Schatz Murnaus ist die Pfarrkirche St. Nikolaus, die mit ihrem raffiniert gestalteten Zwiebelturm über den Ort wacht. Ihre barocke Innenausstattung passt harmonisch in das Gesamtbild des Raumes, obwohl sie von ganz verschiedenen Künstlern stammt, die noch dazu von unterschiedlichen Orten kamen.

KM 24

Anschließend geht es auf gleichem Weg zurück nach Froschhausen, wo wir nun an der Kirche links der Beschilderung nach Hofheim folgen. Dabei passieren wir das private Schloss Neuegling. Etwas später radeln wir durch den Ort Egling. Direkt nach den letzten Häusern müssen wir aufpassen: Nach dem ersten großen Feld biegen wir rechts in den Feldweg (für Autos gesperrt) ein. Er wendet sich nach links und führt uns so fernab der Autostraße durch den Campingplatz Brugger zum Riegsee.

4 **Der Riegsee** eignet sich ebenfalls für eine Badepause. Am Ende des Campingplatzes findet sich noch einmal eine tolle Gelegenheit, ins Wasser zu hüpfen – der Badestrand unweit der Brugger Hüttn' ist ebenso einladend wie eine Einkehr dort.

KM 28,6

Am Campingplatz führt der Radweg vom Riegsee weg zu einer größeren Straße. Diese queren wir (vorsichtig!), fahren nach Hofheim und folgen jetzt der Beschilderung nach Obersöchering, einmal eine Bundesstraße unterquerend.

5 **Obersöchering** durchqueren wir nach rechts und können dabei die Kirche St. Peter und Paul besuchen. Wer gleich danach links in die Alpenstraße fährt, erreicht die zweite, die Liebfrauenkirche. Dort haben Ausgrabungen um 1970 ergeben, dass hier schon um 700 eine kleine Holzkirche stand. Als »Secheringen« wurde der Ort erstmals um 750 erwähnt. Hügelgräber in der nahen Umgebung lassen aber auf eine noch viel ältere Besiedlung, wahrscheinlich aus der Bronzezeit um 1200 v. Chr. schließen.

Antdorf vor den Bergen des Tölzer Landes

Das Schloss Neuegling lässt sich nur über den Zaun besichtigen.

KM 33

Wir folgen der Beschilderung nach rechts zum Sportplatz in die Straße »Am Sportanger«. Vorbei am Fußballplatz, verlassen wir Obersöchering auf einer kleinen landwirtschaftlich genutzten Straße. Geradeaus biegen wir an der zweiten Kreuzung mit der Marienkapelle rechts ein, halten uns vor der Bundestraße wieder links und erreichen im leichten Auf und Ab Reinthal.

KM 38

Danach fahren wir an der Hofkapelle rechts vorbei und folgen den Radsymbolen, die uns nach einem Waldstück rechts mit etwas Abstand zum großen Hof Schwarzenbach über die Felder führen. Bald danach teilt sich die kleine Straße. Wir halten uns links, müssen somit nicht hinauf nach Obersiffelhofen, sondern erreichen Antdorf auf der Siffelhofener Straße.

6 **Reinthal** überrascht uns mit einem urgemütlichen Bauernhofcafé, in dem wir (an Wochenenden zwischen April und November) einkehren können. Hausgemachte Kuchen und Torten, Kaffee- und Teespezialitäten, Bier, Radler, Aperol Sprizz … es ist ein herrlicher Ort für eine Pause, erreichbar mit einem Abstecher nach links hinter dem auffälligen Bauernhof mit Dachterrasse. Es gibt sogar ein kleines Bauernhofmuseum.

7 **Antdorf** wird von seiner barocken Pfarrkirche St. Peter und Paul dominiert, die ortsbeherrschend auf einem Hügel über dem Dorf thront. Innen ist sie mit zartgelbem Stuck ausstaffiert und die beiden Heiligen, Peter und Paul, flankieren einen im Nazarenerstil etwas kitschigen Herz-Jesus-Christus am Hochaltar. Prachtvolle Bauernhöfe, im Sommer reich mit Blumen geschmückt, machen das Dorf sympathisch.

Bei dieser Tour erobern wir einige Moränenhügel.

In Antdorf schmeckt es im Gasthof Petermichl hervorragend. Unsere Empfehlung: Bier-Käsespätzle.

TRAUMHAFT

KIRCHENFENSTER

Keine Zeit für das Campendonk Museum in Penzberg? Dann können Sie dort auch die moderne Christkönigskirche besuchen und das Passions- und Jesaja-Fenster des Künstlers besichtigen.

KM 45

Antdorf verlassen wir durch die Saumergasse, die geradeaus zur Penzberger Straße wird. (Radwegschild »Penzberg«). Nach der Autobahnunterführung geht es links aufwärts nach Breunetsried. Im Zickzack fahren wir durch den Weiler und dann vor dem letzten Haus links auf dem Frauenrainer Weg über die Felder. Entlang des Säubachs queren wir die Gleise und radeln rechts bis zur großen Straße, der Hauptstraße von Penzberg. Jetzt rechts, vorbei am Museum Campendonk und an der Ampel erneut rechts gelangen wir zurück zum Bahnhof.

8 **Penzberg** lässt sich als »Melting Pot of Nations« bezeichnen. Das ehemalige Bergwerksstädtchen wächst in seiner Bevölkerungsstruktur anders als alteingesessene bayerische Dörfer. So leben heute 74 Nationen in der Stadt, eine herrlich weltoffene Mischung, was man auch angesichts der großen Penzberger Moschee erkennt. Ein Highlight ist die alte Bergwerkshalde, von der man einen tollen Blick hat. Penzberg ist aber auch bekannt für Heinrich Campendonk. Der 1889 in Krefeld geborene Maler lebte von 1916 bis 1922 in Seeshaupt. Zu Penzberg hat er sich aber besonders hingezogen gefühlt, denn er malte immer wieder Szenen aus der Bergarbeiterstadt. Als »entarteter« Künstler war er in Deutschland verfemt und floh in die Niederlande, wo er 1957 auch starb. Seine Werke kann man im Penzberger Campendonk Museum bewundern, genauso wie interessante Wechselausstellungen.

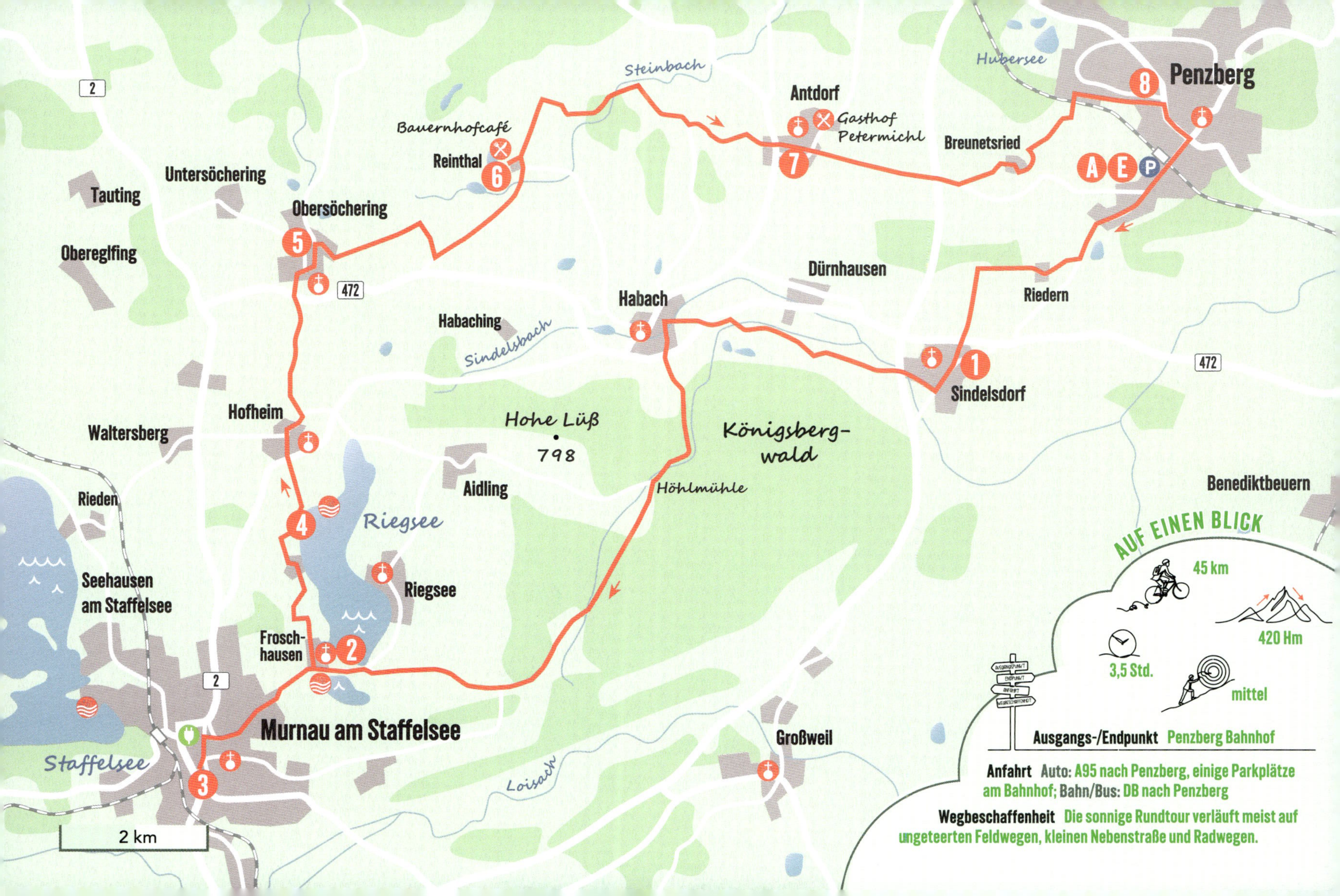

AUF EINEN BLICK

45 km

420 Hm

3,5 Std.

mittel

Ausgangs-/Endpunkt Penzberg Bahnhof

Anfahrt Auto: A95 nach Penzberg, einige Parkplätze am Bahnhof; Bahn/Bus: DB nach Penzberg

Wegbeschaffenheit Die sonnige Rundtour verläuft meist auf ungeteerten Feldwegen, kleinen Nebenstraße und Radwegen.

11

KLOSTERLAND UND KOCHELSEE

VON BENEDIKTBEUERN DURCH DAS MOOR

Bei der Radrundtour dominiert das Kochelseemoor, das sich vom Kochelsee über Benediktbeuern bis an die Stadtgrenze von Penzberg erstreckt und deshalb auch Benediktbeurer Moor genannt wird. Heute ist nur mehr schwer vorstellbar, dass es einst aus einem großen eiszeitlichen See entstanden ist. Als dieser langsam verlandete und das Moor übrig ließ, war es so unwirtlich, dass sich kaum jemand in den Sumpf gewagt hatte. Erst im Lauf der letzten Jahrhunderte wurde das Land trockengelegt und urbar gemacht, sodass wir es auf trockenen Wegen erkunden können. Heute bezaubert die Natur zwischen den Bergen, dem Moor und der Loisach. Diese Rundtour ist perfekt für eine Auszeit in der weiten eiszeitlichen Moorlandschaft, kombiniert mit kunsthistorischen Sehenswürdigkeiten wie den Klöstern Benediktbeuern und Schlehdorf, Museen oder dem netten Kräuterdorf Bad Heilbrunn. Das Ganze wird getoppt von ein paar tollen Badegelegenheiten und feinster bayerischer Wirtshauskultur.

KM 7,5

KOCHEL AM SEE

Am Fuß des Heimgartens und Herzogstands

KM 10,5

SCHLEHDORF

Klosterdorf mit Bademöglichkeiten

KM 13,5

EICHSEE

Moorsee mit schönstem Bergblick

KM 20,5

SINDELSDORF

Ehemaliges Künstlerdorf mit eigener Mühle

Kurz vor Ramsau erreichen wir mit einem Abstecher den idyllischen Schönauer Weiher zum Baden.

Wahrzeichen des Kochelsees sind Herzogstand und Heimgarten.

KM 7,5

Vom Bahnhof Benediktbeuern radeln wir Richtung Kloster und biegen an der Straße rechts über die Gleise. Gleich danach geht es links, parallel zu den Schienen, vorbei am Kloster und geradeaus über die Fraunhoferstraße in den Spatzenpointweg. An der Bahnunterführung biegen wir nach rechts, halten uns an der ersten Weggabelung aber rechts und gleich darauf links, dem Schild »Rundweg 1« nach. Jetzt bleiben wir auf dem Hauptweg durch das Kochelseemoor. Schon bald überqueren wir an einer Brücke den Lainbach und radeln anschließend sofort nach links. So erreichen wir den Hof Brunnenbach. Wer sich rechts hält, bleibt an der Loisach, muss allerdings eine Schiebestrecke in Kauf nehmen, denn der Weg ist nur für Fußgänger zugelassen. Wer sich hier links hält, gelangt auf den offiziellen Radweg, der über den Weiler Pessenbach nach Kochel am See führt.

5

KM 25,5

ST. JOHANNISRAIN

Es ist stets die Lage, die zählt

6

KM 40,5

BAD HEILBRUNN

Kräuterdorf und Kurfürstin Adelheids Kurort

7

KM 45

KLOSTER BENEDIKTBEUERN

Namensgeber der Benediktenwand

FOTO STOPP

Das Kirchlein von Johannisrain ziert so manchen Kalender.

1 Kochel, sein See und sein Moor sind äußerst sehenswert. Um dem Moor nah zu sein, lohnt sich auch die Schiebestrecke. Am Wochenende und bei Hochwasser sollte man diese Strecke jedoch meiden, der Weg ist schmal, und Fußgänger haben stets Vorrang. Kleine krüppelige Bäume versuchen mit dem sauren Boden zurechtzukommen, im Frühjahr blühen die Moorwiesen besonders üppig: Auf die rosafarbene Erika folgen blauer Enzian und wilde Iris. Erfrischend kalt ist der Kochelsee, selbst im Hochsommer. Die Loisach fließt mit relativ hoher Geschwindigkeit durch den See und sorgt für Frischwasser aus den Bergen. Im Wasser spiegeln sich Herzogstand, Heimgarten und natürlich der Kesselberg, die bekannte Passstraße zum Walchensee. Kochel selbst ist bekannt für sein Franz-Marc-Museum, den Schmied von Kochel und seine Kristalltherme.

KM 10,5

Am Ortsausgang, wo die Loisach den Kochelsee verlässt, beginnt unser Radweg nach Schlehdorf. Rechts und links liegen die weiten Moorflächen des Kochelsee- und Benediktbeurer Moors, und bald sehen wir die beiden Schlehdorfer Klostertürme. Kurz zuvor erreichen wir die nächste Loisachbrücke, an der wir später weiterradeln.

TRAUMHAFT

SCHMANKERLKÜCHE

Für Genussmomente sorgen einige sehr gute und originelle Wirtschaften am Wegrand: Gasthaus Schönmühl, Gasthaus Reindlschmiede, Gasthaus RamsAu, Gasthaus Ludlmühle bei Bichl!

2 **Schlehdorf** und seine Klosterkirche gehören ebenfalls besichtigt.In der Friedhofkapelle hängt ein frühromanisches Kreuz, von dem Kunsthistoriker annehmen, dass es um 1000 n. Chr. entstanden ist. Das Dorf selbst hat eine recht eigenwillige Form. Alle Bauernhöfe, entlang rechtwinkeliger Straßen angelegt, sehen fast gleich aus. Diese Bauweise entstand nach einer verheerenden Brandkatastrophe im Jahr 1846, als man Schlehdorf völlig neu aufbauen musste. Das Kochelseeufer bietet sich für eine Badepause an, außerdem locken der Schlehdorfer Klosterwirt oder das nette Café Klostergut.

KM 13,5

An der Loisachbrücke in Schlehdorf nehmen wir den Weg östlich des Flusses (nicht die Schlehdorfer Seite!). Kurz nach der Brücke zum Ortsteil Unterau halten wir uns schräg rechts und folgen dem Teersträßchen. Kurz vor dem Eichsee teilt sich der Weg, wir fahren rechts zum Badweiher.

Im Bad Heilbrunner Kräuterpark

3 **Der Eichsee** ist ein Geheimtipp. Sein dunkles Moorwasser erwärmt sich sehr schnell. Wer seine Badesachen dabei hat, sollte unbedingt hineinspringen. Vom Wasser aus genießt man einen herrlichen Blick über die blühenden Feuchtwiesen auf die nahe Bergkette des Herzogstands und des Heimgartens. Die vielen umliegenden verstreuten Heuschober waren vor allem früher sehr wichtig. Im Sommer, wenn die Bauern die Wiesen mähten, war der Boden so nass, dass zum Abtransport des Heues die schmalen Wagenräder eingesunken wären. Also lagerte man das Heu in den Hütten, bis der gefrorene Boden im Winter den Transport erlaubte.

KM 20,5

Nach dem Baden geht es in Fahrtrichtung am Eichsee vorbei, an der nächsten Weggabelung radeln wir links. Kurz darauf können wir auf einer Brücke den Triftkanal queren. Unmittelbar danach halten wir uns geradeaus über die Felder nach Zell. Dort wenden wir uns nach rechts und teilen die Straße ein kurzes Stück mit den Autos. Nach wenigen Hundert Metern biegt diese links unter der Autobahn hindurch, wir aber halten uns rechts und genießen wieder einen verkehrsfreien Radweg, der uns nach Sindelsdorf führt.

Die beste Zeit für einen Besuch des Bad Heilbrunner Kräuterparks ist von Mai bis Oktober, wenn alles blüht und duftet.

4 **Sindelsdorf** ist bekannt für seine einstige Künstlerkolonie. Ähnlich wie Murnau war es ein Zentrum der Künstlervereinigung »Der Blaue Reiter« (siehe dazu auch S. 98). Den Künstlern zu Ehren gibt es einen kleinen, interessanten Rundgang im Ort. Außerdem finden wir in Sindelsdorf die Off-Mühle, eine von nur noch wenigen Mühlen, die im Oberland bis heute in Betrieb sind. Ein kleiner Laden ist angeschlossen, in dem es weit mehr als nur Mehlsorten gibt.

KM 25,5

In Sindelsdorf radeln wir auf der Hauptstraße an der Kirche vorbei Richtung Norden, an der Weggabelung geht es links in die Franz-Marc-Straße und dann geradeaus in den Leitenweg. Wir queren die Bundesstraße und sind nun über Felder unterwegs. Nach dem Bauernhof wendet sich die Straße nach rechts, und wir erreichen aufwärts über Riedern eine größere Straße, die nach Penzberg führt. Diese queren wir und radeln am Riederer Weiher vorbei im Zickzack durch den lang gezogenen Weiler Unterrieden. Leicht aufwärts erreichen wir bald St. Johannisrain.

5 **St. Johannisrain** besteht nur aus ein paar wenigen Häusern und einer sehr malerischen Kirche, die äußerst idyllisch in völliger Alleinlage auf einem Feld vor der prächtigen Alpenkulisse steht. Ein guter Aussichtspunkt, um sich der Weite und der Größe des Kochelseemoores bewusst zu werden. Die Kirche selbst gehörte bis zur Säkularisation zum Kloster Schlehdorf. In ihrem Inneren überwiegt zarter Wessobrunner Stuck, und am Hochaltar finden wir den Kirchenpatron, flankiert von den Heiligen Joachim und Anna.

Blühende Felder bei Hohenbirken

Wohlverdiente Pause in Kochel am See

KM 40,5

In Fahrtrichtung, treffen wir hinter Edenhof und nach einer Bahnüberquerung auf einen Radweg an einer Autostraße. Ihm folgen wir kurz nach rechts und wechseln bei Schönmühl links durch die Unterführung auf die andere Straßenseite. Am Umspannwerk geht es links abwärts. Danach verlassen wir die Straße nach rechts auf den Loisachdamm und kommen so verkehrsberuhigt nach Maxkron. Hier überqueren wir auf dem Fußgängersteg die Loisach. Rechts über einen Wiesenpfad erreichen wir in Hohenbirken eine Teerstraße, auf der wir rechts über Mürnsee zum Gasthaus Reindlschmiede gelangen. Dort queren wir die B11 etwas nach rechts versetzt, dann führt uns der Feldweg (Schild »Bad Heilbrunn«) geradeaus über Felder zum Gasthaus RamsAu. Danach folgen wir dem Rechtsknick der Straße. An der nächsten Möglichkeit (Schild »Obermühl«) biegen wir erneut rechts über einen Bach und radeln bergauf nach Bad Heilbrunn.

6 **Bad Heilbrunn** erreichen wir im Ramsauer Weg. Über den Talweg kommen wir so an den großen Kräuter-Erlebnis-Park mit seinen 400 Duft-, Heil-, Tee- und Gewürzkräutersorten. Zwischen Mai und Oktober gibt es dort meist donnerstags um 14 Uhr eine Führung (www.bad-heilbrunn.de). Bad Heilbrunn selbst ist ein Kurort mit einer langen Geschichte. Einst war es das kurfürstliche Bad von Henriette Adelheid von Savoyen, der Frau von Kurfürst Ferdinand Maria. Die Trinkkuren der Adelheid-Quelle gibt es heute nicht mehr, stattdessen aber einen herrlichen Kräuterpark, sicherlich der schönste im ganzen Tölzer Land. Ein Geschichtspfad erzählt über die Vergangenheit des Ortes. Mittelpunkt von Bad Heilbrunn sind das Rathaus und die Kirche St. Kilian, die mit sehenswerten Fresken zum Thema heilendes Wasser und herrlich zartem Wessobrunner Stuck aufwarten kann.

Benediktbeuerns großzügiger Klosterinnenhof

Im Heilbrunner Kräuterpark stehen Relaxliiegen für eine Pause zwischen Kräuterbeeten bereit.

i-TÜPFELCHEN

TRAUMPFADE

Wer am Ende der Radtour noch Zeit hat, sollte auch unbedingt die zwei kleinen und wirklich sehr kurzen Moorlehrpfade hinter dem Kloster Benediktbeuern besuchen.

KM 45

Wir verlassen Bad Heilbrunn vorbei an der Kirche auf der Ferdinand-Maria-Straße. Am Ortsende, beim Seniorenheim Alpenhof, folgen wir dem Bodensee-Königssee-Radweg nach rechts. Wir überqueren die Autostraße und kommen über Baumberg abwärts zur B11. Der Radweg läuft auf der gegenüberliegenden Straßenseite nach links weiter, über Untersteinbach, durch eine Unterführung und nach Obersteinbach. Nach der Ortsdurchfahrt geht es über eine Steinbrücke. Vor uns liegen die Bichler Flur und die Berge des Loisachtals. An der Weggabelung fahren wir kurz geradeaus in die Ludmühlstraße, biegen dann an den ersten Häusern von Bichl links ab, an der Schule vorbei und sind zurück in Benediktbeuern. In die Hauptstraße biegen wir für wenige Meter links ein und radeln an der Ampel rechts zurück zum Kloster und Bahnhof.

7 **Am Kloster Benediktbeuern** ist jetzt hoffentlich noch etwas Zeit übrig für eine ausführliche Besichtigung. Kunsthistorisch ist das Kloster nämlich ein wahres Kleinod. Bereits der barocke Klosterinnenhof mit seinen Arkadengängen ist prächtig. Dort finden wir auch den Eingang zur Klosterkirche. Sie wurde von dem Schweizer Architekten und bayerischen Hofbaumeister Enrico Zucalli erbaut und ist mit Stuck und Fresken von H. G. Asam verziert. Sehenswert ist vor allem die Anastasiakapelle, die im feinsten Rokoko gestaltet wurde. Wer Zeit hat, sollte sich bei einer Klosterführung auch den Alten und Neuen Festsaal sowie die Bibliothek ansehen. Heute steht das Kloster unter der Führung der Salesianer von Don Bosco und ist ein anschaulicher Beweis, wie ein aktives Klosterleben nach wie vor funktionieren kann.

AUF EINEN BLICK

48 km

300 Hm

4 Std.

mittel

Ausgangs-/Endpunkt Benediktbeuern Bahnhof

Anfahrt Auto: A95 nach Benediktbeuern, Parken auf dem Kloster-Großparkplatz; Bahn/Bus: DB nach Benediktbeuern

Wegbeschaffenheit Die sehr sonnige Rundtour verläuft meist auf Rad- oder Feldwegen und einigen Nebenstraßen.

12

VERSTECKTE WEGE IM ISARWINKEL

VON BAD TÖLZ NACH LENGGRIES

Unsere Rundtour beginnt an der Blombergbahn, die etwas westlich von Bad Tölz an der B475 liegt. Für Autofahrer ist das die bessere Alternative, denn am Bahnhof in Bad Tölz sind die Parkplätze knapp. Dabei beginnen wir mit einer kurzen, aber sehr knackigen Auffahrt, um auf die Wiesenbuckel des Wackersbergs zu gelangen. Von dort folgen wir am Fuße des Blombergs entlang dem Höhenweg nach Lenggries. Seine Lage am Brauneck macht den Ort zum sportlichen Zentrum des Isarwinkels. Hier ist jede Menge Freizeitspaß geboten – es gibt eine Sommerrodelbahn, einen Hochseilgarten sowie rasante Mountaincarts, dreirädrige Flitzer, mit denen man vom Berg hinuntersaust. Der Rückweg steht dann ganz im Zeichen der Isar. Berauscht von ihrem wilden Wasser, den weiten Kiesbänken, dem Duft der wilden Tamarisken verliert man in dem herrlichen Naturschutzgebiet gerne viel Zeit. Vor allem im Sommer, wenn man Badestellen erreichen kann, die sehr einsam liegen.

1

KM 1,5

QUELLE SAUERSBERG

Das Heil bringende Wasser

2

KM 11

BRAUNECK

Der Hausberg der Lenggrieser

3

KM 13,5

LENGGRIES

Hübsches Dorf im Isarwinkel

Vom Bahnhof Tölz folgt man den Radwegschildern in die Altstadt, fährt an die Isar hinunter und beginnt dort die Tour.

Die Pestkapelle liegt außerhalb von Wackersberg.

4

KM 17

ARZBACH

Badestopp an der Mündung zur Isar

5

KM 24,5

BAD TÖLZ

Quirliger Kurort mit Einkehrpotenzial

6

KM 30

BLOMBERG

Zum Finale ein Freizeitberg

FOTO STOPP

Zwischen Tölz und Lenggries gibt es nur eine einzige Brücke über die Isar: in Arzbach

KM 1,5

Mit Blick auf die Blombergbahn halten wir uns auf dem Parkplatz zuerst ganz links und folgen dem Schild »Waldherrenalm/Wackersberg« für etwa 200 Meter steil bergauf. Am großen Pferdegestüt des Guts Sauersberg vorbei, treffen wir auf eine Teerstraße, auf der wir nach rechts lenken. Nach ein paar Bauernhöfen passieren wir den alten, verfallenen Quellhof von Sauersberg.

Entlang der Isar gibt es viel zu schauen.

1 Quelle Sauersberg Der Quellhof war einst die gut florierende Quellen-Wirtschaft, in der regelmäßig viele Volksmusikanten aufspielten. Nicht weit von hier entdeckte man 1856 die Quellen des jodhaltigen Heilwassers, das die Stadt Bad Tölz in den Rang eines Kurortes hob. Nachdem hier lange Jodprodukte produziert wurden, ist der Quellhof zunächst zu einer Wirtschaft geworden und diente später als Künstlerwohnung. Heute ist es leider nur noch ein Lost Place – ein Gerippe ohne Dach.

TRAUMHAFT

EIN EIS GEHT IMMER

Kurz hinter der Querung über den Stein- und Aubach kann man einen Abstecher rechts zum Beindlhof starten. Hier gibt es weltbestes Bauernhofeis, direkt aus dem SB-Laden ab Hof.

KM 11

Weiter der Straße folgend, biegen wir am Bienenlehrstand rechts auf den Feldweg ein (Schild »Pestkapelle«) und erreichen die Kapelle an einer Teerstraße. Auf ihr geht es nach rechts zur T-Kreuzung. Rechts ist ein Abstecher zur Waldherrenalm möglich, ansonsten geht es links. An der Firma Willibald fahren wir kurz rechts und dann in der Kurve geradeaus in das Waldstück über den Steinbach (kein offizieller Radweg!). Jetzt immer geradeaus auf dem Pfad bleiben (Fußgänger haben Vorrang!). Über den Aubach erreichen wir bei ein paar Häusern die Straße. Wir fahren weiter geradeaus und sind rasch in Arzbach. An dem Bekleidungsgeschäft Liebling Manufaktur geht es kurz links, dann rechts in die Angerstraße und links auf den Höhenweg. Bergauf, bergab radeln wir am Gasthaus Schweizer Hof vorbei und bleiben nun immer auf dem Höhenweg. Stattliche, musterhaft renovierte Höfe säumen unseren Weg. Bald passieren wir die alte Prinz-Heinrich-Kaserne, dann endet auch schon der Höhenweg an der ehemaligen Talstation der Brauneck-Bergbahn.

Brennholzvorrat am Höhenweg

2 **Das Brauneck** ist der Hausberg von Lenggries. Die jetzige Talstation sowie alle Freizeitmöglichkeiten sind mit einem Abstecher nach rechts zu erreichen. Im Winter ist das Brauneck ein begehrtes Skigebiet und im Sommer mit seinen vielen Almen ein kleines Wanderparadies. Darüber hinaus gibt es noch einen kniffeligen Hochseilgarten oder rasante Bullcarts (das sind überdimensionale Dreiräder, auf denen man flott die Piste des Streidlhangs hinuntersausen kann). Für das kulinarische Verwöhnprogramm sorgen die Alte Mulistation oder das Restaurant Beim Jaegers.

Die Isar kann auch wild!

Wer möchte, kann in Lenggries die Tour vorzeitig beenden, zum Bahnhof radeln und mit dem Zug abkürzen.

KM 13,5

Bergab rollt man zu einem Kreisverkehr an der Isar. Wir queren den Fluss und sind schon mitten in Lenggries. Nach der Ortsbesichtigung starten wir genau an der Brücke mit der Rückfahrt.

3 Lenggries lässt sich als ursprünglich und bayerisch bezeichnen, ist aber keinesfalls hinterwäldlerisch. Das Dorf hat die Waage zwischen traditionell und fortschrittlich modern bravourös gemeistert. Der Ursprung des Ortsnamens erklärt sich von den vielen, langen Kiesbänken in der Isar: Das »lange Gries« stand dafür Pate. Dabei spielte die »Isaria«, die »Reißende, Wilde«, stets eine wichtige Rolle im Leben der Lenggrieser Bevölkerung. Früher war die einbringliche Flößerei ein weit verbreiteter Beruf, besonders ab dem späten Mittelalter, als München immer größer wurde und mehr Waren benötigte. Vor allem Bauholz und Kalk, der in einem der zahlreichen Kalköfen entlang des Flusses gebrannt wurde, transportierte man mit Flößen nach Norden. Noch heute findet man Kalköfen an der Isar. Aber Lenggries war auch von Handwerk und Landwirtschaft geprägt, und das hat sich zum Glück erhalten. Mit dem Bau der Eisenbahn 1924 von München über Tölz nach Lenggries verlor die Flößerei schließlich ihre Bedeutung.

KM 17

Für den Rückweg starten wir an der Isarbrücke in Lenggries. Dafür schieben wir auf der Lenggrieser Seite die Räder in den dafür vorgesehenen Schienen die Treppen zum östlichen Isarradweg hinunter. Nun folgen wir immer den

Frühlingswiesen bei Lenggries mit dem Brauneck

Auf dem Isarradweg bei Bad Tölz

Radwegschildern nach Bad Tölz. Wir passieren die Engstelle »Isarburg«, einen 20 Meter langen felsigen Katarakt in der Höhe von Schlegldorf. Locker-flockig geht es völlig eben flussabwärts. Nur bei Arzbach wechseln wir noch einmal das Isarufer.

4 **Arzbach** liegt ziemlich genau auf halber Strecke zwischen Bad Tölz und Lenggries. Hier mündet der Arzbach in die Isar; im Sommer schaffen sich die Einheimischen an der Mündung immer ein kleines Schwimmbecken – ein herrlicher Fleck für eine erfrischende Badepause. Viele alte Bauernhäuser prägen den kleinen Ort. Einkehren kann man im Kramerwirt oder im Café Schusterpeter.

KM 24,5

Natürlich können wir auch im Verlauf unseres Radwegs nach Norden noch weitere Badepausen in den Isarauen einlegen. Manchmal führt ein Pfad zur Isar. Achten sollte man auf die empfindliche Flora und Fauna der Isarauen, die unter Naturschutz stehen. Vorbei an einigen kleinen Altwasserbecken, kommen wir nach Bad Tölz. Wir fahren unter der Umgehungstraße durch und sehen auf der anderen Seite der Isar schon die reich verzierten Bürgerhäuser der Altstadt. Ein Abstecher lohnt sich definitiv.

5 **Direkt an der Brücke in Bad Tölz** startet die Stadtbesichtigung gleich mit einer lebendigen Café-Szene auf beiden Seiten des Flusses. Dann lockt die Marktstraße mit ihren durch Lüftlmalerei geschmückten Häusern. Einst wohnten hier Kaufleute, denen der Handel über die Isar gutes Geld brachte.

In Bad Tölz sollte man einen längeren Stopp planen!

Etwas nettes zum Schmunzeln gibt es am Jungmayrplatz in Bad Tölz: den nackten Po des heiligen Florian am Brunnen.

TRAUMHAFT

STADT(VER)FÜHRUNGEN

Die Tölzer Stadtversucher bieten ganzjährig sehr interessante Stadtführungen an, von der Kaffee-Tanten- über die »Bulle von Tölz«- bis zur Flößer- oder »Bier, Bad, Burg«-Tour.

Etwas abseits steht die Pfarrkirche Mariä Himmelfahrt, ihr Ursprung geht ins 15. Jahrhundert zurück. Unterhalb davon liegt das Handwerker- und Flößerviertel mit seinen verwinkelten Gassen. Wieder zurück auf der Marktstraße stößt man auf das alte Rathaus. Seine Fassade kennen viele als Drehort aus der Fernsehserie »Der Bulle von Tölz«. Vorbei am Winzerer Denkmal, das an Kaspar III. Winzerer, den Pfleger von Tölz, erinnert, schließt der Khanturm die Marktstraße ab. Etwas weiter steht – unverkennbar mit ihrem doppelten Zwiebelturm – die Mühlfeldkirche. Sie wurde unter dem Eindruck der Pestepidemien ab 1736 erbaut. Ihr größter Schatz, das Deckenfresko, stammt von Matthäus Günther und zeigt Tölzer Bürger bei der Pestprozession. Wer Zeit hat, kann auch auf den Kalvarienberg steigen. Von oben hat man einen traumhaften Blick auf das Isartal.

KM 30

Vom Blomberg radeln wir auf der ursprünglichen Isarseite entlang des Flusses auf der Bürgermeister Stollreither Promenade noch ein Stück abwärts. Kurz nach dem Wohnmobilparkplatz und dem Ernst-Thissen-Steg biegen wir links in die Wilhelm-Dusch-Straße ein. An ihrem Ende erreichen wir erneut einen Radweg, der uns nach rechts zurück zum Blomberg-Parkplatz bringt.

6 **Der Blomberg** ist der Hausberg der Tölzer und ebenfalls gut mit einem Lift erschlossen. Es gibt gleich zwei Sommerrodelbahnen und viel Freizeitspaß – auch oben am Berg, etwa in Form eines Hochseilgartens und einer wirklich sehr interessanten Kunstmeile. Absolut außergewöhnlich ist das Gartenlokal Ding-Dong auf der anderen Straßenseite. Dort sitzt man an einer mongolischen Jurte am Lagerfeuer.

AUF EINEN BLICK

30 km

200 Hm

3 Std.

leicht

Ausgangs-/Endpunkt Bad Tölz Blombergbahn

Anfahrt Auto: A95 Richtung Bad Tölz, kurz vor der Stadt große Parkplätze an der Blombergbahn; Bahn/Bus: BOB nach Bad Tölz

Wegbeschaffenheit Leichtes Auf und Ab am Höhenweg, Rückweg vorwiegend eben, meist ungeteerte Radwege. Sehr sonnig!

13

KLEIN, FEIN, GRANDIOS

RUND UM DEN HIRSCHBERG

Diese Rundtour um den Hirschberg im Tegernseer Tal verdient viele positive Adjektive – die drei oben genannten treffen aber den Kern. Sie gelten uneingeschränkt für etliche ihrer Höhepunkte, etwa die fast gänzliche Umrundung des Tegernsees, die Schwarzentennalm, das Wildbad Kreuth, das Weißachtal und vieles mehr. Wer ein E-Bike besitzt, ist bei dieser Tour klar im Vorteil; ohne sollte man doch etwas Kondition mitbringen. Der ansteigende Abschnitt ist aber angenehm schattig und nicht übermäßig steil. Und der Rest der Strecke dann ein Kinderspiel. Näher und schöner wie auf diesem Weg kann man kaum in die bayerischen Berge radeln. Wer mit den öffentlichen Verkehrsmitteln anreist, kann die Radtour am Bahnhof im Ort Tegernsee beenden; oder packt nochmals fünf Kilometer on top und beendet sie nach einer Gesamtumrundung des Tegernsees wieder in Gmund am Nordende des Sees.

1

KM 5

BAD WIESSEE

Kurort am Westufer

2

KM 7,5

SÖLLBACHTAL

Bergtal zwischen Hirschberg und Fockenstein

3

KM 15,5

SCHWARZENTENNALM

Almwiese mit idyllischer Einkehr

Nur am Ostufer der Weißach darf man radeln.

4

KM 22

WILDBAD KREUTH

Wittelsbacher Kurort an der Hofbauernweißach

5

KM 35

ROTTACH-EGERN

Luxusdorf am Lago di Bonzo

6

KM 38

KLOSTER TEGERNSEE

Sommerresidenz von König Max

mehrere Almhütten stehen auf der Schwarztenn, nur eine ist bewirtschaftet.

KM 5

Startplatz ist der kleine Bahnhof in Gmund. Mit den Gleisen im Rücken geht es nach links. Am Ortsende beginnt ein Radweg, der uns aussichtsreich zum Gut Kaltenbrunn bringt. Weiter folgen wir der Beschilderung teilweise in Ufernähe nach Bad Wiessee. Dort fahren wir erst links in die Anton-von-Rieppel-Straße und dann rechts in die Wilhelminastraße, um der Hauptstraße auszuweichen. Rechts auf der Adrian-Stoop-Straße erreichen wir die Ortsmitte.

1 **Bad Wiessee** hat das Prädikat »Heilbad« den beiden Jod-Schwefel-Heilquellen, die im Jahr 1909 bei Erdölbohrungen entdeckt wurden, zu verdanken. Der Kurort liegt direkt am Tegernsee, der als »Lago di Bonzo« ein Inbegriff der Luxusklasse ist, zumindest für alle, die hier dauerhaft leben möchten. Das liegt natürlich daran, dass das Tegernseer Tal mit seinem See und den Bergen ohne Zweifel eine der schönsten Landschaften in Bayern ist. Trotzdem findet man sogar hier im Kurort noch viele bezaubernde Ecken und Winkel, die für jedermann frei zugänglich sind, darunter der schöne Kurpark an der Seepromenade.

TRAUMHAFT

BAYERISCH-LEGENDÄR

Neben der Klosterkirche in Tegernsee liegt das Kloster Bräustüberl, das süffiger Gerstensaft aus der hauseigenen Brauerei samt bayerischen Brotzeiten und Gerichten serviert – legendär!

KM 7,5

Vom Lindenplatz in Bad Wiessee folgen wir nun wieder der Hauptstraße nach links, queren den Zeiselbach und biegen dann vor dem Söllbach rechts in die Söllbachstraße ein. An deren Ende, am großen Wanderparkplatz, beginnt die für den öffentlichen Verkehr gesperrte Forststraße ins Söllbachtal.

Kreuther Fischzucht

2 Söllbachtal Gleich zu Beginn des Tals radeln wir zwar nur sanft, aber stetig aufwärts. Das Söllbachtal zählt zu den längsten Tälern im Tegernseer Tal. Es folgt auf seiner ganzen Strecke über dem Söllbach, der sich im unteren Bereich bereits als kleiner Gebirgsfluss mit schmalen Wasserstufen zeigt. Je höher wir kommen, desto kleiner wird er, dafür stoßen von den Seiten jede Menge andere Bächlein dazu.

KM 15,5

Die »Schwarze Tenn« ist ausgeschildert, sodass wir alle abzweigenden Wege ignorieren. Nach knapp sechs Kilometern im Söllbachtal brauchen wir kurz unseren »Turbo«! Für 500 Meter steigt die Straße kräftig an wie bei einer echten Mountainbike-Tour. Also den Gang zurück aufs kleinste Ritzel und kräftig treten (oder schieben), dann haben wir den höchsten Punkt der Tour erreicht. Über eine lang gezogene Almwiese kommen wir zur Schwarzentennalm.

Pause an der Weißach

3 Die Schwarzentennalm liegt auf 1027 Meter Meereshöhe. Die weite Almwiese verwöhnt uns mit einem herrlichen Blick auf den Gipfel des Leonhardstein und auf den Hirschberg. Sofern kein großer Andrang herrscht, ist jetzt Genuss angesagt: An der sonnenerwärmten hölzernen Hauswand sitzt man mehr als gemütlich und wird mit bayerischer Küche verwöhnt.

Im lichten Wald unter der Schwarzentennalm findet man uralte Bergahornbäume ... und immer wieder köstliche Pilze!

KM 22

Danach folgen wir dem Almsträßchen weiter nach Süden. Dabei bleiben wir immer auf dem Hauptweg und testen sicherheitshalber unsere Bremsen, denn bald geht es steil bergab. Kontrolliert rollen wir hinunter ins Tal der Weißach. Unten angekommen, überqueren wir die Bundesstraße, den Parkplatz und anschließend die Weißach. Ab jetzt halten wir uns immer in Flussnähe und folgen den Radwegschildern »Kreuth« nach links. Bei Wildbad Kreuth werden wir mit einem Rechts-Links-Knick über die Brücke der Hofbauernweißach, eines Nebenflusses der Weißach, gelotst.

4 **Das Wildbad Kreuth** erreichen wir nur mit einem kleinen Abstecher. Für diesen radeln wir nach der Hofbauernweißach nach rechts und erreichen zunächst die Herzogliche Fischzucht (siehe Tipp S. 126). Weiter – kurz steil aufwärts – kommt man zum eigentlichen Wildbad. Es besteht aus dem historischen Gasthof und dem großen mondänen Kurgebäude. Bereits seit dem 15. Jahrhundert war das heilkräftige gesunde Wasser dort bekannt. Es gehörte einst zum Kloster Tegernsee, bis es nach der Säkularisation von König Maximilian I. Joseph erworben wurde. So gelangte neben dem Kloster auch die Heilquelle in den Besitz des Wittelsbachers, der rasch ein neues Bad errichten ließ. Viele Adelige, darunter die Zarin Alexandra von Russland, Erzherzogin Sophie von Österreich oder der preußische Kronprinz Friedrich Wilhelm, kamen hierher.

Ins Wildbad Kreuth und zum Gasthaus Altes Bad kommt man nur mit einem Abstecher.

An der Uferpromenade in Tegernsee

KM 35

Mit oder ohne Stärkung im Wildbad folgen wir weiter der Weißach Richtung Kreuth, die Radwegschilder zeigen den Weg. Über ein Bächlein erreichen wir nach der Raineralm Kreuth. Ab hier weisen die Radwegschilder den Weg nach Rottach-Egern. Wir passieren die Schweigeralm und sehen bald schon die ersten Häuser von Rottach. Über alle querenden Straßen hinweg geht es geradeaus immer auf dem Weißach-Damm entlang, bis wir das Tegernseeufer erreichen. Jetzt fahren wir nur noch rechts bis in die Ortsmitte von Rottach-Egern.

5 **Rottach-Egern** liegt am Südufer des Tegernsees unter dem Wallberg. Vom Malerwinkel aus hat man den schönsten Blick auf den Ort mit seiner Kirche St. Laurentius. Viele Künstler haben sich in Rottach niedergelassen. Den beiden »Ludwigs«, den Dichtern Ludwig Ganghofer und Ludwig Thoma, sowie Kammersänger Leo Slezak hat man sogar an der Uferpromenade ein Denkmal gesetzt. 1909 kaufte Leo Slezak an der Überfahrt ein kleines Bauernhaus, wo er mit seiner Frau und seinen beiden Kindern die glücklichste Zeit seines Lebens verbrachte. In dieser Zeit wurden Ludwig Ganghofer und Ludwig Thoma seine besten Freunde. Der Tenor und die beiden Schriftsteller inspirierten sich gegenseitig. Diesen lebendigen Austausch hat der Rottacher Bildhauer Quirin Roth mit seiner Figurengruppe eingefangen. Alle drei liegen übrigens nebeneinander auf dem Kirchenfriedhof begraben.

Abendstimmung am Kloster Tegernsee

An der Herzoglichen Fischzucht Kreuth kann man frischen Räucherfisch samt Königlichem Bier genießen.

i-TÜPFELCHEN

TRAUMPLATZ

Die Halbinsel Point ist nicht nur eine der schönsten Badestellen am Tegernsee, auch die Aussicht auf Rottach-Egern und den dahinter liegenden Wallberg ist unübertroffen.

KM 38

Von Rottach-Egern gibt die Radwegbeschilderung nach Tegernsee den Weg vor. Teilweise verläuft der Radweg auf dem Fußgängerweg. An der Halbinsel Point hat man noch einmal einen schönen Blick auf den See sowie eine gute Badestelle. Dann geht es abwärts zum Kloster Tegernsee.

6 **Das Kloster Tegernsee** wurde 1817 vom bayerischen König Max I. gekauft. Nach der Säkularisation waren nur noch Reste der einstigen Benediktinerabtei, die im 8. Jahrhundert gegründet worden war, übrig. König Max ließ das Kloster zu einem repräsentativen Landsitz umbauen, dem heutigen Schloss Tegernsee. Damals war das ein großes Glück für die Anwohner, Bauern, Fischer und Handwerker. Sie alle hatten bei der Säkularisation ihre Arbeit verloren. Mit dem König flossen die Aufträge wieder reichlich, denn sofort begann ein erheblicher Zuzug ins Tegernseer Tal. Viele Münchner Adelige, aber auch hohe Hofbeamten wollten während des Sommers in der Nähe ihres Königs sein. Heute bedarf es keines Königs mehr, um Menschen ins Tegernseer Tal zu locken. Eines der schönsten Ziele ist das Schloss mit der ehemaligen Klosterkirche im Ort Tegernsee. Die heutige Form und Ausstattung der Kirche entstand im Wesentlichen ab 1678 nach Plänen von Enrico Zucalli. Die Ausmalung übernahm Hans Georg Asam. Auf den Deckenbildern wird neben anderen Szenen die Gründungslegende erzählt.

Zum Finale folgen die Bahnfahrer ab dem Kloster rechts der Bahnhofstraße zum Bahnhof Tegernsee. Autofahrer fahren einfach entsprechend der Radwegbeschilderung zurück nach Gmund.

AUF EINEN BLICK

39 km
450 Hm
3 Std.
mittel

Ausgangs-/Endpunkt Gmund Bahnhof/ Tegernsee Bahnhof oder Gmund Bahnhof

Anfahrt Auto: B 318 nach Gmund, Parken am Bahnhof oder im Ort (Fischerweg); Bahn/Bus: BOB nach Gmund, Rückfahrt mit der BOB ab Tegernsee

Wegbeschaffenheit Die Steigung liegt im ersten Drittel der Strecke, ein E-Bike wäre ideal. Meist auf Forststraßen und Radwegen.

14

ZUR BADEWANNE DER BERGE

VON MIESBACH UM DEN SCHLIERSEE

Diese Radrunde entpuppt sich als Traum für alle, die abwechslungsreiche, kurvige Radwege mehr lieben als gerade, geteerte Strecken. Dabei müssen zwar einige Berge bewältigt werden, es hält sich aber in Grenzen. Wir nützen auch die Täler und lassen uns immer wieder von idyllischen Flüssen oder Bächen leiten. Unmittelbar am Fuß des Breitensteins pilgern wir zur sehenswerten Wallfahrtskirche Birkenstein. Danach touchieren wir auch noch den Schliersee, den kleineren, gemütlicheren Bruder des Tegernsees. Und zum grande finale gelangen wir nach Miesbach, das immer schon als städtisches Zentrum des bayerischen Oberlandes galt.

KM 2,8

Startplatz ist der Bahnhof von Miesbach. Nach dem Kreisverkehr geht es durch die Frühlingsstraße gleich aufwärts. Über den Stadtplatz und die Rosenheimer Straße erreichen wir die große

1

KM 2,8

PARSBERG

Ehemalige Urpfarrei

2

KM 6,9

PARSBERGER HÖHE

Höhenzug, der erobert werden will

3

KM 9,1

WÖRNSMÜHL

Durch das Drachenthal an die Leitzach

4

KM 16,5

FISCHBACHAU

Abstecher ins Klosterdorf samt Marienwallfahrt

Fröhlich mäandert die Aurach durch die Wiesen.

Kreuzung mit der B472. Geradeaus fahren wir fast eben auf einem Radweg neben der Straße nach Parsberg mit der Pfarrkirche St. Laurentius.

1 Parsberg In der Kirche deutet das Patrozinium Laurentius bereits auf ein sehr hohes Alter der Pfarrei hin. Tatsächlich war Parsberg eine der Urpfarreien des Bistums Freising. Sogar die Kirche von Miesbach war einst eine Filialkirche von Parsberg. Das kam nicht von ungefähr: Die Herren von Pastberg hatten im heutigen Parsberg nämlich eine Burg und gehörten zu den Dienstmannen des Bischofs von Freising. Im Rahmen der Gegenreformation wurde umorganisiert; seither ist die Pfarrei Miesbach von Parsberg abgespalten. 1724 wurde die Kirche in barocken Formen neu erbaut und 1876 in romantisch historisierenden Formen dekoriert. Im Zuge dessen wurden auch übermalte Szenen aus dem Leben des heiligen Laurentius wieder freigelegt.

5

KM 22,5

JOSEFSTHAL UND NEUHAUS

Am Südufer des Schliersees

6

KM 31

SCHLIERSEE

Das Dorf zum See

7

KM 36

MIESBACH

Zentrum des bayerischen Oberlandes

Aussicht vom Kleinen Georgsbichl auf Schliersee

KM 6,9

In Parsberg biegen wir vor der Kirche rechts in die Waldstraße, der Schliersee und die nächsten Abzweigungen sind ausgeschildert. Im Wald steigt die Straße kräftig und lang an! Glücklich, wer ein E-Bike besitzt. Felder und kleine Wälder wechseln sich ab. Vorbei an Fürschlacht und Litzelau geht es über Krug und Lehen auf die Parsberger Höhe bis zu einer Kreuzung.

2 **An der Parsberger Höhe** haben wir den höchsten Punkt der Radtour schon erreicht. Einmalig schön ist die Landschaft. Zum einen genießen wir die herrliche Aussicht auf die Tegernseer und Schlierseer Bergwelt, zum anderen beindrucken die mächtigen Bauernhöfe. Dazu kommen wunderschöne alte, knorrige Bäume, die zum Teil völlig frei auf den Wiesen stehen.

KM 9,1

Achtung! Als Erstes die Bremsen prüfen, die Abfahrt fällt steil bergab. Ohne Anstrengung rollen wir hinunter nach Wörnsmühl und erreichen hinter dem Gasthaus Nägele die Leitzach.

TRAUMHAFT

HEILIGENSCHEIN

Von Fischbachau sollte man unbedingt zur Wallfahrtskirche Birkenstein, die etwas versteckt zwischen Bäumen auf einem Felsen steht, radeln, um das Gnadenbild Mariens zu besichtigen.

An der Rixner Alm bei Neuhaus

3 Wörnsmühl ist ein Weiler, der sich bereits im späten Mittelalter an einem wichtigen Übergang über die Leitzach entwickelt hat. Das erkennt man an den sehr alten Bauernhäusern unweit des Flusses. Im krassen Gegensatz dazu steht die moderne Dreifaltigkeitskirche von 1966.

KM 16,5

Hinter der Leitzach fahren wir rechts und folgen der Beschilderung durch das Drachenthal. Kurz nachdem wir die Leitzach noch einmal gequert haben, biegen wir links auf einen Feldweg. Ein wildromantischer Streckenabschnitt am Fluss liegt vor uns. Schließlich verlassen wir den Wald an einer T-Kreuzung (links führt ein Abstecher zum Hofcafé »Beim Melchern«). Rechts fahren wir weiter und bald mit größerem Abstand entlang der Leitzach nach Süden. Nach 16,5 Kilometern ist die Brücke bei Fischbachau erreicht.

Die Friedhofskirche in Fischbachau

4 Die Gründung von Fischbachau geht auf ein Kloster zurück, mit dem man im 11. Jahrhundert die damals sehr einsame Gegend des Leitzachtales besiedeln und missionieren wollte. Dieses Kloster wurde von Gräfin Haziga, die als Stammmutter der Wittelsbacher gilt, gestiftet. Ursprünglich war es in Bayrischzell. Das war jedoch damals so abgelegen, dass es die (obschon gewiss nicht verwöhnten) Mönche nicht ausgehalten hatten. Zehn Jahre später versuchten sie es hier in Fischbachau. Das hatte mehr Bestand, auch wenn die Mönche erneut weiterzogen. Die Klosterkirche, das Martinsmünster, hingegen gibt es immer noch. Von außen ist sie als frühromanische Saalkirche deutlich zu erkennen, im Inneren dominiert reicher Barock. Im Langhaus erzählen die Deckenfresken die Legenden vom Leben des heiligen Martin.

Bei Fischbachau lockt am Wochenende (April bis Oktober) das Hofcafé »Beim Melchern« direkt an der Leitzach.

Alter Bildstock bei Parsberg

KM 22,5

Weiter folgen wir der Leitzach auf der ursprünglichen Uferseite und erreichen über Mühlau und Stauden die große Alpenstraße in Aurach. Wir queren sie etwas nach rechts versetzt. Die Beschilderung zum Schliersee lotst uns fernab der Autostraße in den richtigen Weg. Wir queren die Bergstraße zum Spitzingsee, dann erreichen wir in einem Bogen über die Aurachstraße das südliche Ende von Josefsthal und auf der Josefstaler Straße rechts Schliersee Neuhaus.

5 **Josefsthal und Neuhaus** sind gemeinsam mit Fischhausen drei fast zusammengewachsene Ortsteile am südlichen Ufer des Schliersees. Kunsthistorisch interessant ist die Wallfahrtskirche St. Leonhard von Fischhausen, zu der die alljährliche Leonhardifahrt stattfindet. Im November ziehen viele Kutschen und Reiter von Schliersee zur Kirche, um dort den Segen für ihre Tiere zu erhalten. Neben dem Freilichtmuseum von Markus Wasmeier (siehe Tipp S. 134) ist auch die Slyrs Destillerie, die bayerischen Whiskey herstellt, ein interessanter Besuchermagnet. Dort gibt es eine tolle Einkehrmöglichkeit in der angeschlossenen »Lunchery«.

Feuchte Wiesen zwischen Aurauch und Josefsthal

Parsberg und die Kirche St. Laurentius

KM 31

In Neuhaus steuern wir zunächst den Bahnhof an. Für die Weiterfahrt folgen wir dort der Wendelsteinstraße, die unter der Bahn hindurch zum Schliersee führt. Anschließend geht es links immer auf der verkehrsfreien Uferstraße, vorbei an der Rixner Alm (Einkehr), nach Norden. Die Radwegbeschilderung lotst uns nach Schliersee.

6 **Schliersee** ist der Hauptort am gleichnamigen See. Im Gegensatz zu den Orten am Tegernsee ist Schliersee trotzdem ein Dorf geblieben. Auch hier dreht sich zwar viel um Tourismus, aber es hat alles noch Charme und Charakter. Die Uferpromenade ist schön für eine Pause, die beste Aussicht hat man aber von der Georgskapelle auf dem Weinberg, für die wir die Räder kurz abstellen müssen. Kunsthistorisch bedeutend sind die zwei großen Kirchen St. Sixtus und St. Martin. In St. Sixtus ist die Schutzmantelmadonna von Jan Pollak besonders sehenswert. Wobei kunsthistorisch der Gnadenstuhl von Erasmus Graser sowie die Figur von Papst Sixtus, die dem Meister von Rabenden zugeschrieben wird, dieser in nichts nachstehen. Sehr hübsch sind auch die liebevoll bemalten Namensschilder in den Kirchenbänken. Diese findet man auch in St. Martin, wobei die Kirche auch noch aus einem anderen Grund besucht wird. Auf ihrem Friedhof befindet sich das Jennerwein Grab. Georg Jennerwein war ein berühmter Wilderer, der posthum zum Helden avancierte. Unzählige Lieder, Gedichte, Romane und Verfilmungen handeln von seinem Leben. Viele Restaurants und Cafés locken zur Einkehr. Auch das Strandbad ist sehr zu empfehlen, wenn wir nicht vorher schon auf der Straße am Westufer ins Wasser gehüpft sind.

Sonnenaufgang bei Miesbach mit dem Wendelstein

Elisabeths Platzerl' am Stadtplatz in Miesbach ist eines der gemütlichsten Kaffeehäuser, die wir kennen.

TRAUMHAFT

ZEITREISE

Das Markus-Wasmeier-Museum in Neuhaus zeigt ein altbayerisches Dorf mit wunderschön restaurierten Bauernhäusern, wie man sie wohl vor mehr als 100 Jahren bewohnt hatte.

KM 36

Für die Rückfahrt nach Miesbach folgen wir am Bahnhof in Schliersee den Gleisen und biegen dann links in die Breitenbachstraße ein. Von dort geht es rechts in die Schlierachstraße, dann halten wir uns an die Beschilderung nach Hausham entlang der Schlierach. In Hausham queren wir die Tegernseer Straße, folgen damit der Erlmoosstraße und bleiben nun immer in Fahrtrichtung nach Norden. Am Friedhof wechseln wir kurzzeitig die Uferseite der Schlierach und erreichen Agatharied an der quer verlaufenden Straße. Geradeaus umrunden wir die Kirche, radeln über die Gleise und folgen weiter der Schlierach. Vorbei am Krankenhaus geht es parallel, aber doch mit Abstand zur großen Straße nach Norden. Wir erreichen Miesbach nach der Unterquerung der großen Umgehungsstraße über die Haidmühlstraße. Sie wird zur Rathausstraße, auf der wir zum Bahnhof kommen.

7 **Miesbach** sollte man sich unbedingt ansehen. Es ist ein typisch bayerisches Städtchen zwischen Tradition und Moderne. Seine günstige Lage zwischen den Voralpenhügeln und dem nahen Schliersee macht den Ort zu einem idealen Ausgangspunkt für Freizeitaktivitäten. Dabei gilt Miesbach als Hochburg der Trachtenbewegung. 1859 entstand hier einer der ersten Vereine, die sich um den Erhalt von Trachten bemühte. Die Miesbacher Tracht, bestehend aus Mieder, Schalk, Lodenjoppe und Lederhose, ist weit über ihre Landesgrenzen hinaus bekannt. In der Altstadt findet man viele alteingesessene Trachtengeschäfte sowie Stoffläden für die eigene Dirndlschneiderei. Es macht Spaß, durch die verwinkelten Gassen zu schlendern und nette Winkel zu entdecken. Es gibt kleine Läden und einige Cafés und Wirtshäuser. Wer es deftig mag, kommt zum Beispiel am Marktplatz beim Bräuwirt auf seine Kosten.

AUF EINEN BLICK

37 km

450 Hm

3,5 Std.

mittel

Ausgangs-/Endpunkt Miesbach Bahnhof

Anfahrt **Auto:** A8 nach Weyarn, St2073 nach Miesbach, Parkplätze am Bahnhof oder vor allem am Habererplatz; **Bahn/Bus:** DB oder BOB nach Miesbach

Wegbeschaffenheit Fast durchgehend Radweg entlang der Leitzach und auf Nebenstraßen. Kurze, knackige Auf- und Abfahrten am Anfang.

15

TRÄUMEREI IM ROSENHEIMER LAND

VON DER MANGFALL AN DIE GLONN

Es ist einfach unglaublich, wie viele kleine und große Hügel die letzte Eiszeit im Voralpenland hinterlassen hat. Und das bedeutet: Entweder brauchen wir eine gewisse Grundkondition, oder unser E-Bike ist auf dieser Runde gut beschäftigt. Dafür bietet diese Radtour wahrlich Traumhaftes. Wir dürfen uns über herrliche Landschaften freuen, das romantische Kupferbachtal, viele stattliche Bauernhöfe, kleine idyllische Wälder, einen wunderschönen Brauereibiergarten, eine prächtige Wallfahrtskirche und – zum Abschluss – den sanften und ebenen Mangfall-Radweg. Das Beste an dieser Route aber ist, dass sie noch nicht so überlaufen ist wie manch andere Runde im Alpenvorland. Nicht zuletzt haben wir selbst hier, im westlichen Rosenheimer Land, die Berge im Blick – das Panoramafeeling kommt also ebenfalls nicht zu kurz.

1

KM 2,3

STOLLWERCK MAUSOLEUM

Die Schokoladenkirche

2

KM 8,7

KUPFERBACHTAL

Geschütztes Naturjuwel mit Quellwasser

3

KM 12,7

GLONN

Kleines Zentrum

4

KM 17

PIUSHEIM

Heute ein Ort der Begegnung

Großartige Aussicht: von Jakobsbaiern über die Mangfallebene zu den Bergen

KM 2,3

Wir starten vor dem Bahnhof Westerham rechts auf der Bahnhofstraße und biegen links in den Schierbachweg, der zur Heubergstraße wird und in der Von-Andrian-Straße endet. Jetzt links und gleich kräftig aufwärts, durch Wald, vorbei an der IHK-Akademie, wo wir uns rechts halten. Bei einem Wegedreieck mit Kapelle queren wir rechts wir die Landstraße, radeln geradeaus durch Unterreit und steil abwärts zu einer T-Kreuzung.

1 **Stollwerck-Mausoleum** Wir stellen die Räder ab und steigen zu Fuß zur »Schokoladenkirche« hinauf, die 1927 eingeweiht wurde. Die sehr romantisch gelegene Grabstätte der Familie Fanny und Carl Stollwerck, der Kölner Schokoladendynastie, wird heute als evangelische Kirche benutzt. Ursprünglich war sie für ihre mit nur neun Jahren verstorbene Adoptivtochter Carlita erbaut worden. Die Familie verlegte um 1920 ihren Wohnsitz von Köln auf einen Hof in Hohenfried.

5

KM 18,8

JAKOBSBAIERN

Kirchturm ohne Kirche

6

KM 30,5

MAXLRAIN

Brotzeit und Bierbauch?

7

KM 34

WEIHENLINDEN

Ein Halleluja für gesundes Wasser

8

KM 36,5

MANGFALL

Zurück zur Natur

Ganz unbekannt ist das Kupfertal nicht mehr; kein Wunder, es ist wunderschön.

KM 8,7

Zurück an der T-Kreuzung, halten wir uns links, radeln aufwärts, am Hof Buchberg vorbei und zu einer größeren Landstraße. Links beginnt ein Radweg, den wir gleich wieder nach links auf den Feldweg (Schild »Oberlaus«) verlassen. An der Weggabelung rechts fahren. Der Untergrund wird holprig und es geht steil bergauf. Bei Oberlaus biegen wir links in eine Autostraße. Weiter bergauf, verlassen wir sie kurz darauf nach rechts und radeln durch Kaps bergab zum Gut Spielberg. Unmittelbar vor dem Hof biegen wir links ein, halten uns sofort rechts und rollen ins Kupferbachtal, wo wir dem Weg nach links folgen.

2 **Das Kupferbachtal** ist ein wunderschönes Landschaftsschutzgebiet. Auf beiden Seiten erstrecken sich Feuchtwiesen – ein Eldorado für Schmetterlinge und Libellen. Stark kalkhaltiges Wasser tritt in Hangquellen aus dem Boden und bildet kleine Quellteiche – fast mystisch hier im Wald. Erst wenn wir wieder in der Sonne sind, nähern wir uns dem glasklaren Kupferbach selbst.

KM 12,7

Über den Weiler Reisenthal geht es geradeaus nach Glonn, das wir an der Wiesmühle erreichen. Zur Ortsmitte geht es nach links.

TRAUMHAFT

KÖSTLICHER STOPP

Der wunderbare Biergarten der Brauerei Maxlrain liegt im letzten Tourdrittel direkt an der Strecke. Danach verläuft der Radweg fast nur noch eben (was auch mit vollem Bauch noch geht).

3 **Der Markt Glonn** ist eines der vielen Kleinzentren im Umkreis von München. Früher lag es für einen Fuhrmann genau eine Tagesreise von München entfernt, er musste hier übernachten. Aus vielen solchen Orten entstanden langsam so etwas wie kleine Städte. Dazu brauchte man auch eine Kirche, die in Glonn dem heiligen Johannes dem Täufer geweiht ist. In ihrem Inneren überrascht die barocke Ausstattung, an der ganz wesentlich der Aiblinger Joseph Götsch, ein Schüler des berühmten Münchner Hofbildhauers Ignaz Günther, beteiligt war.

KM 17

Zur Weiterfahrt biegen wir an der Wiesmühle rechts in die Reisenthalstraße und radeln bergauf zur Autostraße. Auf ihr fahren wir rechts bergauf und biegen dann nach links in die Mattenhofener Straße. Vorbei am Waldfriedhof geht es bergab nach Mattenhofen. Am Wegdreieck rechts, kurz bergauf und an der nächsten Wegeverzweigung nach links. (Achtung! Die Stelle ist ohne Beschilderung, aber man muss sie finden, denn sonst geht es nicht weiter.) Wir passieren das kleine Feuerwehrhaus von Mattenhofen, radeln auf einem Feldweg 600 Meter bergauf zum Wald und dann wieder abwärts zum Fluss Glonn am Piusheim an einem alten Wasserkraftwerk.

Wasserrad am Mangfallkanal

4 **Piusheim** erreichen wir auf dem Weg, der rechts vom Backsteingebäude beginnt. Das ganze Gelände der heutigen Privatschule »freie Schule Glonntal« ist ziemlich verwinkelt und weitläufig. So schön wie das Haupthaus, das einem Schloss ähnelt ist, so traurig ist die Geschichte um das Piusheim. Über 80 Jahre lang war es eine »Erziehungsanstalt für verwahrloste Kinder und Jugendliche«, in der erst vor wenigen Jahren Fälle von Gewalt und Missbrauch ans Tageslicht kamen. Von all dem ist heute zum Glück nichts mehr zu spüren; stattdessen ist das Piusheim ein Ort der Begegnung geworden. Auf der Nordseite des imposanten Haupthauses finden wir mit der Glonntaler Backkultur ein Café samt Bäckerei.

KM 18,8

Vor der Bäckerei wenden wir uns nach rechts und verlassen Piusheim geradeaus in die Straße nach Jakobsbaiern. Jetzt geht es steil bergauf, vorbei an den Höfen von Lindach und Schnurr. Im Wald heißt es links halten und weiter bergauf nach Jakobsbaiern.

5 **Jakobsbaierns** bekanntestes Bauwerk ist die Kirchenruine St. Jakob, die nur noch aus dem einsamen Kirchturm besteht. Urkundlich erwähnt wurde das Gotteshaus das erste Mal 1294, aber 1903 wurde das baufällige Langhaus abgebrochen. Nur der erst 1878 neu erbaute Turm blieb stehen. Eine alte Friedhofsmauer umgibt das Areal, von dem aus wir ein herrliches Panorama über das Glonntal auf den Wendelstein und die umliegenden Berge genießen.

KM 30,5

Weiter auf der Straße erreichen wir Antholling, queren die Dorfstraße und passieren den Fußballplatz. Wir folgen rechts der Radwegbeschilderung nach Kleinesterndorf, bleiben im Weiler geradeaus und sausen dann rechts bergab an den Höfen von Feuerreit vorbei. Dahinter müssen wir aufpassen, das Radwegschild weist nach links, wir bleiben jedoch geradeaus und queren kurz darauf die größere Straße in Richtung Beyharting. Für ein kurzes Stück teilen wir uns den Weg mit Autos. Nach einem Waldstück sehen wir vor uns schon den Beyhartinger Kirchturm, aber so weit müssen wir nicht. Wir biegen rechts ein (Schild »Bichl«) und radeln kurz darauf geradeaus über die Glonn. Nun geht es zum letzten Mal steil bergauf. Hinter dem Bauernhaus von Bichl biegen wir links ein und radeln durch einen herrlichen Wald. Dort teilt sich der Radweg; wir halten uns links und folgen durch den Wald der Beschilderung nach Maxlrain. Erst an einem großen Bauernhof, der bereits in Sichtweite der Maxlrainer Brauerei liegt, verlassen wir den Wald. Eine Allee führt uns mit einer Rechtskurve zu einer Wegverzweigung. Nach der Einkehr in der Schlosswirtschaft geht es hier rechts weiter. Die Schlosswirtschaft, das Schloss und das Bräustüberl liegen etwas nach links.

6 Maxlrain Schlösser gibt es in Bayern viele, doch wenige strahlen so viel bayerische Mentalität aus wie das Schloss Maxlrain. Vier wuchtige Zwiebeltürme begrenzen den Hauptbau, der über einen klar gegliederten Garten mit Springbrunnen im Zentrum wacht. Das Schloss ist heute privater Wohnsitz der Familie Erich Prinz von Lobkowicz und kann deshalb nicht besichtigt

Beliebter Radlerstopp: der Biergarten in Maxlrain

Am Mangfallradweg bei Heufeld

werden. Aber durch das Schmiedeeisenportal kann man bequem Garten und Schloss bewundern. Zwei Gaststätten stehen uns zur Auswahl: die Schlosswirtschaft direkt in der Nähe des Schlosses mit ihrer gehobenen Küche und, ein paar Hundert Meter weiter Richtung Weihenlinden, der Bierausschank der Schlossbrauerei Maxlrain.

KM 34

Ab Maxlrain halten wir uns an die Beschilderung nach Weihenlinden. Weiter leicht bergab queren wir nach einem Waldstück den Moosbach und haben damit die Mangfallebene erreicht. Nach links steuern wir direkt auf die Wallfahrtskirche von Weihenlinden mit ihren beiden Zwiebeltürmen zu.

7 Die Wallfahrtskirche Weihenlinden ragt mit ihren Doppeltürmen aus der Mangfallebene heraus. Die Wallfahrt entstand in der Zeit des Dreißigjährigen Krieges, als man eine kleine Rundkapelle baute, mit der eine Quelle gefasst war, der man große Heilkraft zuschrieb. Sie wurde das Ziel zahlreicher Pilger, sodass man kurz darauf mit dem Bau der heutigen Wallfahrtsbasilika beginnen konnte. Sie wurde der Muttergottes und der Heiligsten Dreifaltigkeit geweiht. Im Inneren steht hinter dem Hochaltar verborgen eine achteckige Kapelle, das zentrale Heiligtum. Sie birgt eine Muttergottes und, ganz oben, drei überlebensgroße Figuren, die den Reichsapfel und eine Tiara tragen. Sie symbolisieren die Dreifaltigkeit in einer wohl zu menschlichen Darstellung. Eine solche war zur Zeit ihrer Entstehung eigentlich von Rom verboten.

Das Mangfall-Kraftwerk bei Bruckmühl

Ein Abstecher zur barock dekorierten ehemaligen Klosterkirche von Beyharting mit gotischem Kreuzgang lohnt sich sehr.

TRAUMHAFT

PANORAMA

Verlässt man von Maxlrain nach Weihenlinden den Wald, hat man einen traumhaften Blick über die Wallfahrtskirche auf die Bergkette mit dem alles beherrschenden Wendelstein in der Mitte.

KM 36,5

An der Kirche von Weihenlinden bleiben wir geradeaus und folgen nun immer der Beschilderung zum Mangfall-Radweg. Dafür radeln wir in Heufeld über den Triftbach in den Brückenweg. Im Zickzack erreichen wir den großen Mangfallsteg am Fluss.

8 **Die Mangfall** nimmt ihren Lauf am Tegernsee, sie ist damit kein Quellfluss, sondern der natürliche Ablauf aus dem See. In dem Bereich, in dem wir ihr folgen, hat sie ihre Richtung gewechselt und fließt nicht mehr nach Norden, sondern nach Osten, gen Rosenheim und in den Inn. Die letzten Jahre hat man viel dazu beigetragen, der regulierten und zur Stromerzeugung genutzten Mangfall wieder ein natürlicheres Flussbett zu geben. Das ist ziemlich gelungen, denn jetzt darf sie wieder über Steine und einige Kaskaden plätschern. Dadurch sind viele Rastplätze entstanden, einer einladender als der nächste.

Ohne die Uferseiten zu wechseln, gibt jetzt die Mangfall den Rückweg vor. Völlig eben radeln wir den Fluss entlang und genießen die herrliche Landschaft. In Bruckmühl, am Ende des Radwegs, geht es kurz rechts, dann links in die Otto-von-Steinbeis-Straße. Jetzt zunächst am Kanal entlang, dann parallel zu den Gleisen der Beschilderung nach Feldkirchen-Westerham folgend. Vorbei am Stauwerk Vagen mit seiner auffälligen Metallbrücke, erreichen wir die Vagener Straße. Hier biegen wir rechts ein zur Überführung der Bahn beim Bahnhof Feldolling, halten uns links, dann gleich rechts unter der Bahn durch und wieder links aufwärts zur Nordseite des Bahnhofs. Immer die Gleise entlang geht es bei Westerham zum Bahnübergang und geradeaus zur Bahnstation.

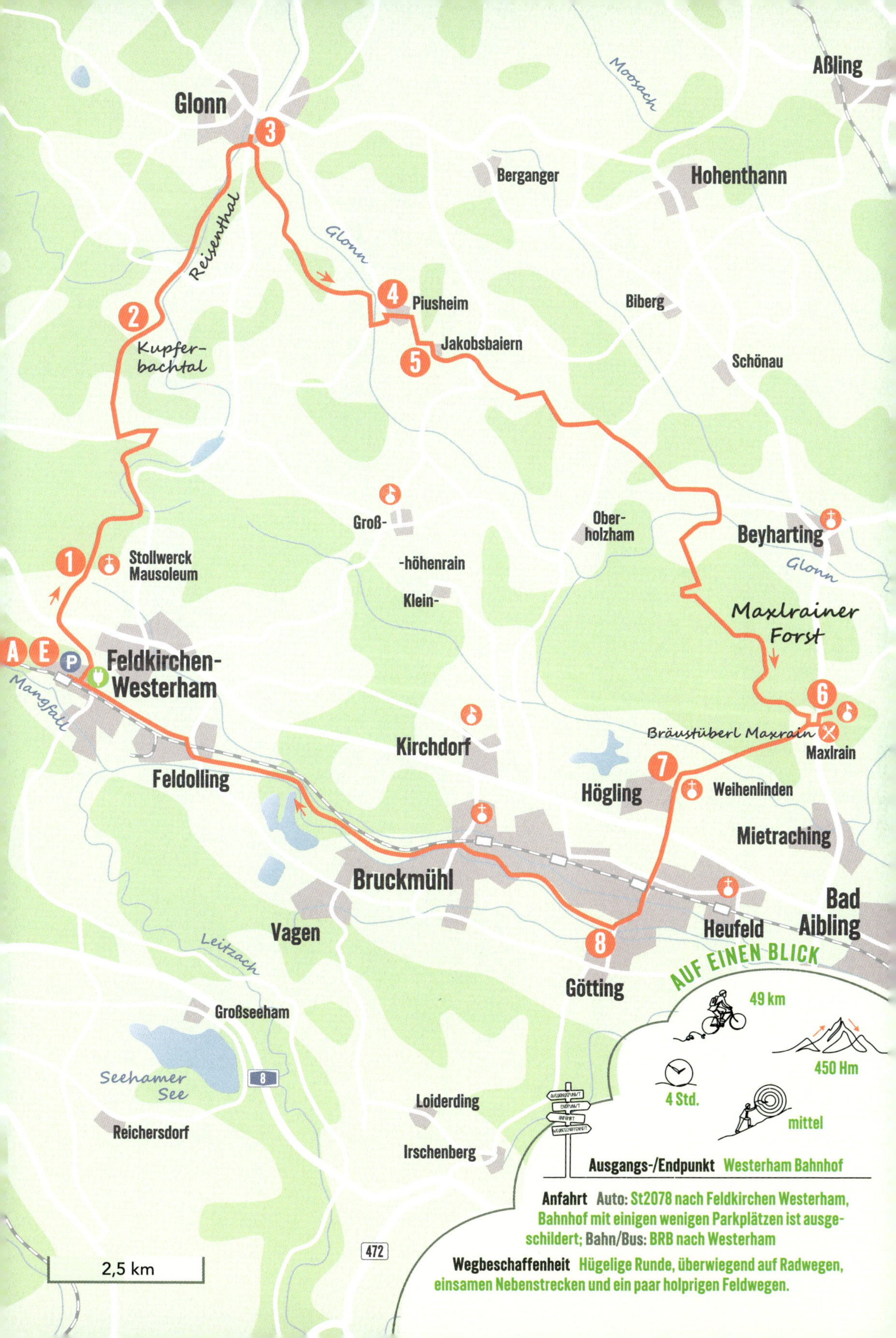

AUF EINEN BLICK

49 km

450 Hm

4 Std.

mittel

Ausgangs-/Endpunkt Westerham Bahnhof

Anfahrt Auto: St2078 nach Feldkirchen Westerham, Bahnhof mit einigen wenigen Parkplätzen ist ausgeschildert; Bahn/Bus: BRB nach Westerham

Wegbeschaffenheit Hügelige Runde, überwiegend auf Radwegen, einsamen Nebenstrecken und ein paar holprigen Feldwegen.

16

MIT BERGBLICK NACH SCHLECHING

VON ÜBERSEE DURCH DAS ACHENTAL

Diese Radrunde entpuppt sich als Traum für alle, die abwechslungsreiche, kurvige Radwege mehr lieben als gerade, geteerte Strecken. Die Chiemgauer Landschaft steht im Vordergrund – und sie wirft mit einem üppig gefüllten Füllhorn um sich. Abwechslungsreich geht es durch die Kendlmühlfilzen und andere mehr oder weniger große Moore. Stets haben wir die Berge im Blick, kleine Bauerndörfer liegen an der Strecke, und dazu kommt auch noch die Tiroler Ache, der wir lange folgen. So kombinieren wir auf dieser Radtour auf wunderbare Weise Berge, Wasser, Moore und Hügel, dazu etwas Kirchenkunst und bayerische Einkehrmöglichkeiten. Wobei wir als Geheimtipp eine waschechte Radlbrotzeit empfehlen. Damit eindecken können wir uns in Übersee oder Grassau. Schönere Brotzeitplatzerl mit Bergblick bei Schleching oder auf einer der zahlreichen Sandbänke an der Tiroler Ache sind kaum zu finden.

1

KM 3,8

WESTERBUCHBERG

Kirchenkunst auf einem Hügel

2

KM 6,8

TORFBAHNHOF

Moorleiche im alten Bahnhof

3

KM 15,5

GRASSAU

Am Rand der Kendlmühlfilzen

Offene Wasserflächen in der Kendlmühlfilzen bei Grassau

KM 27

SCHLECHING

Grenznahes Bergsteigerdorf an der Tiroler Ache

KM 31

TIROLER ACHE

Ein Fluss mit zwei Namen

KM 51

ÜBERSEE

Der Dom des Achentals

Bei Rottau kann man die Räder für den Bohlenweg ins Moor kurz stehen lassen.

KM 3,8

Wir starten in Übersee am Bahnhof und fahren zum großen Kreisverkehr Richtung Ortsmitte. Geradeaus über den Kreisverkehr radeln wir auf der Dorfstraße über den Moosbach, biegen dann rechts ab und passieren die Kirche. An der nächsten Ecke beim Gasthof Hinterwirt wenden wir uns nach links, nur um gleich darauf rechts in die Hocherlacherstraße einzubiegen (Schild »Westerbuchberg«). Wir kommen zum Ortsteil Buchwald, die Straße gabelt sich, wir halten uns rechts, und nun geht es aufwärts nach Westerbuchberg.

1 Westerbuchberg Wer die Kirche dort besichtigen möchte, folgt der Straße einfach über die Kurve weiter aufwärts. Das ist übrigens auch der höchste Punkt unserer Radtour. Das Gotteshaus stammt aus der Zeit um 1200, wurde aber um 1400 gotisch umgebaut. Eine einzigartige Kostbarkeit ist der gemalte Altar der Vierzehn Nothelfer an der Ostwand des Seitenschiffs. Es ist anzunehmen, dass sich die wenigen Bewohner des Dorfes einen teuren Schnitzaltar nicht leisten konnten. Folglich ließen sie sich den Altar einfach malen. Einmalig ist hier auch die Sicht über die Kendlmühlfilzen auf die Berge.

TRAUMHAFT

SALZ & MOOR

Ein Wiesenweg führt zur alten Pumpstation der Soleleitung, dem Klaushäusl, heute ein Museum (mit nettem Café!), das Einblicke in den Maschinenbau zu Beginn des 19. Jahrhunderts gibt.

KM 6,8

Für die Weiterfahrt biegen wir bei der starken Linkskurve nach Westen ab. Immer in Fahrtrichtung, erreichen wir entlang der Bahngleise den ehemaligen Torfbahnhof.

2 **Der Torfbahnhof** wurde im Rahmen der Renaturierung der Filze zu einem Museum umgewandelt (www.museum-torfbahnhof.de). Einst wurde hier der frisch abgebaute Torf in Eisenbahnwaggons umgeladen. Auf Infotafeln erfahren wir viel darüber – und über Rosalinde, eine bayerische Moorleiche, die 1957 bei Peiting gefunden wurde. Übrigens liegen überall im Moor immer noch die Gleisreste der Torfbahn. Sie verschwinden langsam, aber sicher im Untergrund, können jedoch Radfahrer zum Stürzen bringen. Deshalb sind viele Wege für Fahrräder gesperrt.

Radfahrer im Achental

Bäckerei im Bergsteigerdorf Schleching

KM 15,5

Nach der Besichtigung geht es für uns links weiter. Wir folgen der Radwegbeschilderung nach Grassau, die uns in einem Bogen am Rand der Kendlmühlfilzen entlangführt. Kurz vor Rottau geht es noch einmal links und dann wieder rechts ab, um weiter in der Nähe des Moores zu radeln. Vor uns liegt auf der anderen Seite der großen B305 das Museum Salz & Moor Klaushäusl. Für die Weiterfahrt bleiben wir auf der »Moorseite« und erreichen nach links einen Wanderparkplatz am Rand des Moors. Geradeaus besuchen wir mit einem Abstecher den Moorerlebnisweg und zu Fuß einen Aussichtsturm. Im Anschluss verlassen wir die Kendlmühlfilzen, queren den Hindlinger Bach und steuern schließlich Grassau mit Blick auf den Kirchturm an.

3 **Grassau** und seine Kendlmühlfilzen sind ein typisches Landschaftsbild des Chiemgaus. Das malerische Dorf liegt am Rand des Moors, heute ein Naturschatz, der aber über Jahrhunderte ausgebeutet und industriell abgebaut wurde. Erst in den letzten Jahrzehnten fand ein Umdenken statt, die Flächen werden jetzt renaturiert. Vom Aussichtsturm am Ende der Birkenallee kann man sich einen Überblick verschaffen. Das Moor ist übrigens besonders schön im Frühjahr, wenn die Erikabüsche blühen. In Grassau lohnt sich ein Blick in die Dorfkirche, eine Einkehr in der Post, oder man versorgt sich in der Metzgerei Kuba oder Bäckerei Schmuck mit einer Brotzeit.

KM 27

In Grassau folgen wir an der Kirche Mariä Himmelfahrt der Dorfstraße nach rechts und biegen nach der Tankstelle links in den mit »Piesenhausen/Marquartstein« ausgeschilderten Radweg. In Piesenhausen geht es links durch den Ort, am Ende rechts in den Hofweg, der zur Hofkapellenstraße wird. Durch den Wald steht eine erste Steigung bevor. Dort wendet sich der Weg nach rechts und bei der Hofkapelle nach links. Ein Stück folgen wir einer Autostraße, dann geht es links auf den Radweg nach Schleching. Kurz nach Raiten, nach einem Stück Bundestraße, biegen wir kurz vor der Abzweigung zum Campingplatz Zellersee rechts in den Waldweg ein (Wanderschild). Es geht mit etwas Abstand am Zellersee vorbei und unterhalb der Zellerwand aufwärts zu einer Kreuzung am Waldrand. Mit Blick über das Schlechinger Tal sausen wir links abwärts und folgen in Mettenham rechts der-Beschilderung über Mühlau nach Schleching, das wir so auf völlig verkehrsarmen Wegen erreichen.

4 **Schleching** liegt nahe der Grenze zu Tirol und ist ein beliebter Ausgangspunkt für Wanderungen, nicht nur auf seinen Hausberg, den für seine vielen Blumen berühmten Geigelstein, sondern auch für seine grenzüberschreitenden Routen nach Kössen entlang der Tiroler Ache. Kein Wunder, dass Schleching zusammen mit Sachrang – einem Dorf auf der anderen Seite des Geigelsteins – das Prädikat eines Bergsteigerdorfes erhalten hat. Bewusst wendet man sich vom Massentourismus ab und setzt sich für den Erhalt der Natur, für Tradition und Brauchtum ein, um auch nachfolgenden Generationen eine wertvolle Heimat zu erhalten.

Über Kaskaden rauscht der Mühlbach bei Schleching.

Am Zellersee gibt es sogar einen Campingplatz.

KM 31

In Schleching am Rathaus folgen wir der Beschilderung nach »Ettenhausen über Wirtschaftswege«. Zwischen Touristinformation und Musikpavillon geht es zur Schulstraße und schließlich auf dem Katzbachweg über die Felder. Die Ausblicke lassen keine Wünsche offen, auch wenn der Weg noch einmal etwas ansteigt. Hinter dem einsamen Hof wendet sich der Radweg nach links und führt über den Alpbach nach Ettenhausen am Fuße des Geigelsteins. Am Ortsende weist uns die Beschilderung »Unterwössen über den Achendamm« den Weg. Abwärts in einem großen Bogen geht es über die Felder zur B307. Durch die Unterführung erreichen wir den Achendamm.

5 **Die Tiroler Ache** ist ein knapp 80 Kilometer langer Fluss, der in Österreich im Pinzgau am Pass Thurn entspringt. Auf seinem Weg zur Mündung in den Chiemsee nördlich von Übersee wechselt der Fluss an der Grenze zwischen Bayern und Tirol seinen Namen. In seinem Oberlauf wird er Großache genannt, auf bayerischer Seite Tiroler Ache. Trotz einiger Regulierungen hat sich der Fluss vor allem im Grenzabschnitt, wo er sich dramatisch durch die enge Entenlochklamm zwängt, den Charakter eines Wildwassers erhalten. Auf seinen letzten Kilometern beruhigt er sich wieder und hat einige schöne Sand- und Kiesbänke geschaffen, die sich hervorragend für eine Pause eignen.

Furioses Finale: Sundowner am Strandbad in Übersee!

Die gotische Streichenkirche oberhalb von Ettenhausen lässt sich mit dem E-Bike bequem erreichen.

TRAUMHAFT

ZUM AUSKLANG

Nördlich an Übersee grenzt der Chiemsee an. Wer noch baden oder den Sonnenuntergang anschauen möchte, ist am Strandbad (mit Bars und Restaurant) gut aufgehoben.

KM 51

Nun geht es zurück in nördliche Richtung. Bei Raiten wechseln wir das Ufer, stets entlang der Ache, den Schildern nach Grassau folgend. Schließlich biegt der Radweg nach rechts über einen Seitenbach weg vom Fluss, und wir unterqueren die große B305. Dann folgen wir links der Alten Dorfstraße. Vorbei an der alten Gränzmühle, gelangen wir an die Brücke in Marquartstein. Diese müssen wir nicht queren, außer der Hunger treibt uns ins Dorfzentrum. Ansonsten bleiben wir in Flussnähe und folgen dem Radweg weiter nach Norden. Auch die nächste Brücke ignorieren wir, obwohl hier das Radwegschild nach Grassau weist. Erst an der Brücke bei Staudach wechseln wir das Ufer. Immer noch gibt der Fluss die Richtung vor. Es dauert sogar noch eine ganze Weile, aber dann geht es für uns unter der Autostraße hindurch und wenige Umdrehungen später biegen wir kurz vor der Eisenbahnbrücke links ab. Unseren Ausgangsort Übersee erreichen wir auf der Bahnhofstraße, die uns zum Bahnhof zurückbringt.

6 **Übersee** prunkt durch seinen auffälligen Kirchenbau. Die 1904 fertiggestellte Kirche ist ein unverputzter Ziegelbau im neugotischen Stil und wird, weil sie ungewöhnlich groß ist, von den Anwohnern »Achentaler Dom« genannt. Die Inneneinrichtung stammt ebenfalls aus der Erbauungszeit. Das Haus von Julius Exter im Ortsteil Feldwies ist ein Geheimtipp. Liebevoll gepflegt und fast im Originalzustand, hat man den Eindruck, als würde der Maler hier noch immer arbeiten. Ebenfalls wunderschön ist der Garten, den der Künstler auch verewigt hat.

AUF EINEN BLICK

51 km

400 Hm

4,5 Std.

mittel

Ausgangs-/Endpunkt Übersee Bahnhof

Anfahrt Auto: A8 bis Übersee, Parkplätze am Bahnhof; Bahn/Bus: DB nach Übersee am Chiemsee

Wegbeschaffenheit Fast über die gesamte Strecke Radwege ohne Straßenverkehr. Sehr unterschiedlicher Straßenbelag, selten geteert.

17

MOORE, VÖGEL, SEE- UND BERGBLICKE

VON BERGEN ZUM CHIEMSEE

Wenn man an das Chiemgau denkt, denkt man in erster Linie an den Chiemsee oder an die Chiemgauer Alpen. Aber in dieser einzigartigen Landschaft gibt es noch so viel mehr. Allen voran die vielen Moore, die man hier auch Moos nennt. Sie liegen im ganzen Chiemgau und Rupertiwinkel verstreut und sind ein enormer Naturschatz. Ihre Entstehung haben wir der letzten Eiszeit zu verdanken … und umsichtigen Naturschützern, die ihren Bestand bis in die heutige Zeit erhalten haben. Ein solcher Naturschatz ist das Bergener Moos, für das man ruhig einmal das Fahrrad abstellen kann, um die ganze Pracht der Wiesen aufzunehmen. Wogendes Gras, bunte Blumen, tanzende Libellen, dazwischen die Furchen einiger Entwässerungskanäle und im Hintergrund stets die Paradereihe der Chiemgauer Berge rund um Hochfelln und Hochgern. Eine Landschaft, zum Niederknien schön! Wir sollten öfter kommen.

1

KM 2,8

BERGEN

Bergen liegt an den Bergen

2

KM 4

BERGENER MOOS

Bunte Blumenwiesen

3

KM 12,1

ROTHGRABEN UND TIROLER ACHE

Überschwemmungsgebiet

Im Herbst wird es ruhig am Tüttensee.

4

KM 15

HIRSCHAUER BUCHT

Chiemseeblick und Vogelglück

5

KM 18,5

GRABENSTÄTT

Das Dorf mit den Schlossmuseen

6

KM 20,8

TÜTTENSEE

Mythos oder Wissenschaft?

Die Wiesen zwischen Grabenstätt und der Hirschauer Bucht schützen vor Hochwasser.

KM 2,8

Startplatz ist der Bahnhof in Bergen im Ortsteil Bernhaupten. Gen Osten fahren wir die Bahnhofstraße bergab und bald auf einem Radweg parallel zur Straße in die Ortsmitte von Bergen.

Der Chiemsee in der Hirschauer Bucht

1 **Bergen** liegt am Fuß der Chiemgauer Alpen. Über dem Dorf ragt der breite Rücken des Hochfelln empor, zu dem sogar eine Gondelbahn hinaufführt. Unweit der Talstation gibt es das Museum Maxhütte. 1562 wurde hier eine Eisenhütte gegründet, um das im nahen Eisenärzt gewonnene Erz zu verhütten. 1881 wurde die Verhüttung wegen Unrentabilität eingestellt, es entstand eine Gießerei für Gusseisen. Im ganzen Chiemgau lassen sich noch jede Menge gusseiserne Produkte der Maxhütte entdecken. Wir finden sie an Balkonen, als Brunnen oder auch Wegkreuze. Das Museum hat in der Regel von Mai bis 3. Oktober außer montags täglich (10 bis 16 Uhr) geöffnet.

TRAUMHAFT

STRANDFEELING

Wer gerne im Chiemsee baden möchte, sollte nach der Hirschauer Bucht noch für ca. drei Kilometer links dem Chiemseeradweg folgen. Kurz vor Chieming gibt es einige Traumstrände am Wasser.

Ende Mai blüht die Iris im Moor.

KM 4

Nach der Kirche in der Ortsmitte von Bergen folgen wir der Rechtskurve und verlassen den Ort rechts in die Schellenbergstraße. Wir folgen der Weißen Ache (rechts könnte man für eine Einkehr auf den Grünen Buckel zum Gasthaus Schellenberg radeln). Geradeaus erreichen wir hinter dem Frieshof das Bergener Moos.

2 **Das Bergener Moos** ist ein wunderschönes Naturschutzgebiet, umrahmt von den Chiemgauer Alpen, durchzogen von kleinen Bächen und Entwässerungsgräben, und besonders von Mai bis Anfang Juli geschmückt mit unzähligen bunten Blumen. Runde gelbe Sumpfdotterblumen machen den Anfang, es folgen lila Knabenkrautkerzen, blaue Schwertiris und dann watteweiches Wollgras sowie intensiv duftendes Mädesüß. Die Aussicht ist einmalig, und unser sanfter, ebener Streckenabschnitt könnte gerne für viele Kilometer so weitergehen. Zum Glück gibt es einige Rastbänke, sodass wir genügend Zeit haben, das Panorama mit Hochfelln und Kampenwand zu bewundern.

Einharting und die Kirche St. Margareth

KM 12,1

Unser Weg endet an einer kleinen T-Kreuzung. Hier links und nun stets den Radwegschildern nachfahren. Über Buch erreichen wir Schneereuth, rechts unterqueren wir die Gleise und gleich auch die Autobahn. Dahinter geht es links, erneut über die Bahn und dann entlang der Gleise nach Osten, bis wir im Zickzack das Gewerbegebiet Oberwinkel mit großem Kreisverkehr und McDonald's an der Autobahnausfahrt erreichen. Geradeaus über die Autobahn, kurz rechts halten, nach dem nächsten Kreisverkehr links unter der Straße durch und über die Felder auf die Dammkrone des Rothgrabens.

Der Schellenberg, ein Minihügel, ragt aus dem Moor. Ein Tipp sind das gute Wirtshaus sowie das Heimatmuseum.

Rathaus und Schloss in Grabenstätt

3 **Rothgraben und Tiroler Ache** Wenn wir dem Rothgraben rechts folgen, sind wir ein Stück auf dem Chiemseeradweg unterwegs. Wir befinden uns nun im Mündungsgebiet der Tiroler Ache, die ein gutes Stück weiter links von uns fließt. Das ganze Gebiet steht unter Naturschutz, ist aber auch gleichzeitig Überschwemmungsgebiet, falls nach Hochwasser die Tiroler Ache über die Ufer tritt. Der Fluss bringt aus den Bergen viel Schlamm, Kies, Schlick und jede Menge Treibholz mit. So schiebt er sich Jahr für Jahr weiter in den Chiemsee hinein und bildet dort ein verästeltes Flussdelta, das den Chiemsee zusehends verlanden lässt.

KM 15

Stets in nördlicher Richtung kommen wir durch Auenwälder direkt an die Hirschauer Bucht, wo auch der Rothgraben in den Chiemsee mündet.

4 **In der Hirschauer Bucht** liegt – abgesehen vom netten Biergarten der Ausflugsgaststätte Hirschauer Bucht – vor allem die Vogelwarte am Ufer. Dafür müssen wir die Räder unbedingt abstellen. Allein schon der Aussichtsturm ist eine längere Pause wert, denn es gibt kaum eine bessere Stelle, um

Blick von Schellenberg auf Bergen und den Hochfelln

Der sagenumwobene Tüttensee

so viele verschiedene Vogelarten zu sehen. Im oberen Stockwerk ist ein hervorragendes Fernrohr installiert, mit dem man jede Menge Wasser-, Zug-, aber auch Raubvögel beobachten kann. Hier gibt es sogar einen Seeadler, und über einige Jahre hinweg waren Flamingos zu sehen, die aus einem Privatzoo ausgebüxt waren. Mit Überraschungen kann man also im seichten Wasser der Bucht immer rechnen.

KM 18,5

Weiter geht es auf dem Radweg, der an der Gaststätte Hirschauer Bucht nach rechts abbiegt. Wir folgen nun der Beschilderung nach Grabenstätt. Über zwei Kanäle erreichen wir eine Straße und fahren auf ihr bzw. am Radweg neben ihr über den Ortsteil Hirschau nach Grabenstätt.

5 **Grabenstätt** besitzt einen kleinen Marktplatz, die Pfarrkirche St. Maximilian und ein Schloss. Dort gibt es zwei interessante Ausstellungen. Das Römermuseum erzählt von einer Zeit, als es im Chiemgau viele Gutshöfe, sogenannte Villae Rusticae, gab. Gezeigt werden Fundstücke, aber auch Mosaikreste. Die zweite Ausstellung befasst sich mit dem spannenden Thema der Entstehung des Tüttensees. Es könnte ein »Impakt«, also ein Meteoriteneinschlag, gewesen sein; es könnte aber auch ein Toteissee sein, von denen es hier im Alpenvorland viele gibt. Sich nach Strich und Faden verwöhnen lassen, das kann man am Marktplatz in der SK Confiserie & Weinbar Am Platzl bei bestem Kaffee und feinsten Kuchen und Torten. Es gibt aber auch herzhafte Gerichte wie Flammkuchen, Suppen und Salate (Ruhetage Montag und Dienstag).

Weite und Bergblick im Bergener Moos

Im Tüttensee kann man baden. Leider ist der Zugang zum Chiemsee an der Hirschauer Bucht zugewachsen.

TRAUMHAFT

HEILENDES WASSER

Mit dem Auto kann man nach der Tour noch das nahe Bad Adelholzen besuchen. Im Besucherzentrum Wasserwelt erfährt man alles über das Heilwasser und andere Getränke des Konzerns.

KM 20,8

Für die Weiterfahrt folgen wir vor dem Grabenstätter Rathaus der Tüttenseestraße und der Beschilderung zum See. Um dorthin zu gelangen, halten wir uns gleich links.

6 **Die Rätsel um den Tüttensee** sind groß und die Wissenschaftler sind sich nicht einig. Ist der See wirklich durch einen Meteoriteneinschlag entstanden? Oder zählt er zu den sogenannten Toteisseen, von denen es gerade im Chiemgau sehr viele gibt? Auf jeden Fall ranken sich viele Geschichten und Legenden um den kleinen Waldsee. Egal, wer hier Geschichte geschrieben hat, ob ein großer Gletscher oder ein Gruß aus dem Weltall: Der idyllische See mit seinen von Schilf bewachsenen Ufern ist immer einen Ausflug wert und eignet sich zudem im Sommer hervorragend zum Baden oder für eine Einkehr im Strandbad. Aber nicht überall ist das Baden erlaubt. Aus Naturschutzgründen darf die südöstliche Uferzone nicht betreten werden. Die beste Stelle zum Schwimmen ist wirklich das Strandbad, bei dem Einstiegshilfen den Zugang ins Wasser erleichtern und ein Floß im Wasser verankert ist. Zu Fuß lässt sich der See aber mit einem kleinen Erkundungsgang gut umrunden.

Nach dem Besuch des Strandbads radeln wir weiter nach Norden und erreichen Marwang. Hier biegen wir rechts auf die Hiensdorfer Straße nach Hiensdorf. Im Ort erneut rechts und nun nach Süden, bald links an der T-Kreuzung und über Wipfing, Einharting und Geiselprechting nach Holzhausen. Wir folgen der Straße links durch den Ort, und schon radeln wir über Felder und unter der Autobahn durch zur Bahnlinie, die uns sicher zum Bahnhof führt.

AUF EINEN BLICK

29 km

200 Hm

2,5 Std.

leicht

Ausgangs-/Endpunkt Bergen Bahnhof

Anfahrt Auto: A8 nach Bergen, Parkplätze am Bahnhof; Bahn/Bus: DB nach Bergen im Chiemgau

Wegbeschaffenheit Kurze sonnige Runde, meist auf Nebenstraßen und Radwegen.

18

AUF DEM SALINEN- UND MOZART-RADWEG

VON TRAUNSTEIN ZUM KLOSTER HÖGLWÖRTH

Über viele Jahrhunderte war Traunstein die Stadt des weißen Goldes, eine Stadt des wertvollen Salzes. Hier gab es eine Saline, in der in großen Sudpfannen die Sole zu Salz verarbeitet wurde. Der Fernradweg »Salz-Salinen-Weg« verbindet wichtige Salz- und Salinenorte wie Rosenheim, Traunstein, Bad Reichenhall, Berchtesgaden und Hallein. Wir folgen dem Radweg von Traunstein bis Teisendorf durch den Rupertiwinkel. Wobei dieser Streckenabschnitt auch identisch mit der historischen Via Julia ist. So werden wir auf dieser Radtour nicht nur an die alten Salzhandelswege erinnert, sondern auch an die Fernstraße der Römer, die wie im Fall der Via Julia von Salzburg nach Günzburg und an die Donau führte. Für den Rückweg unserer Rundtour wechseln wir dann ein Stück auf den Mozart-Radweg, bevor wir zum Finale der historischen Soleleitung, der »ersten Pipeline der Welt« im Abschnitt von Siegsdorf nach Traunstein folgen.

1

KM 2,2

ETTENDORF

Wallfahrtskirche über der Stadt

2

KM 16,8

TEISENDORF

Genuss- und Brauereiwelten

3

KM 21,7

VACHENLUEG

Sagenumwobene Burgruine unter dem Högl

4

KM 25,7

ANGER

Größter Dorfplatz in Bayern

> Ein Highlight ist das Naturkundemuseum in Siegsdorf, das auch die Entstehung des Chiemgaus erklärt.

Anger vor den Bergen des Berchtesgadener Landes

5

KM 27,5

HÖGLWÖRTHER SEE UND KLOSTER

Halbinsel mit idyllischem Kloster

6

KM 49

SIEGSDORF

An der Roten und der Weißen Traun

7

KM 55

TRAUNSTEIN

Die Stadt des weißen Goldes

Das ehemalige Kloster Höglwörth ist äußerst fotogen.

KM 2,2

Startplatz ist der Bahnhof in Traunstein. Wir radeln nach links, Richtung Zentrum, und dann rechts in die Ludwigstraße. Traunsteins Besichtigung heben wir uns für das Ende der Runde auf. Links führen uns die Klosterstraße und die Schützenstraße an der Altstadt vorbei, dann links in die Gasstraße und auf ihr, die Traun und die Bahn querend, aufwärts nach Ettendorf.

Naturkundemuseum in Siegsdorf

1 Ettendorf Das Ettendorfer Kirchlein St. Vitus und Anna ist eine beliebte Wallfahrtskirche, die einsam außerhalb von Traunstein auf einem Hügel liegt. Sie ist das Ziel des alljährlich am Ostermontag in Traunstein stattfindenden Georgiritts, der zu den großen Brauchtumstraditionen in Oberbayern zählt.

TRAUMHAFT

IT'S TEATIME!

Bioteaque, eine Traunsteiner Teemanufaktur, bietet raffinierte Sorten wie »spriziga Quirin«, »fesche Fini« oder »scheene Leni« und hat in der Schmidhamer Straße 31 einen Lagerverkauf.

KM 16,8

Für die Weiterfahrt folgen wir nun immer dem Radwegsymbol »Salz-Salinen-Weg«. In östlicher Richtung, bald parallel zur Bahn, geht es über den Weiler Lauter vorbei an vielen stolzen Bauernhöfen nach Oberteisendorf und dort links weiter nach Teisendorf.

Schlackenhof bei Teisendorf

2 In Teisendorf steht die Brauerei Wieninger, wo wir jeden Mittwoch um 10 Uhr oder Donnerstag um 17 Uhr an einer Brauereiführung teilnehmen können. Aber auch der Wieninger Braugasthof verköstigt uns vorbildlich. Falls es der Winter zulässt, ist die Zeit vor dem Faschingsdienstag gut für die Radtour. Mit etwas Glück erlebt man auf den Feldern den uralten Brauch des Aperschnalzens, bei dem Peitschenschlagen im Takt böse Geister vertreiben soll.

KM 21,7

In Teisendorf radeln wir durch die Marktstraße und biegen rechts in die Alte Reichenhaller Straße ein. Am Sportgelände verlassen wir den Salzradweg, halten uns links und wechseln auf den Radweg Via Julia. Er führt bald unter der B2 hindurch nach Roßdorf. Am Ortsende fahren wir geradeaus und folgen damit nicht mehr der Via Julia; stattdessen erreichen wir rechts den Ortsrand von Vachenlueg.

Die Vachenlueger Kapelle

3 Vachenlueg liegt am Fuß des Högls, einem der großen den Alpen vorgelagerten Moränenhügel des Chiemgaus, der schöne Aussichten verspricht. Ein Abstecher zur kleinen Wallfahrtskirche in der Mitte des Weilers lohnt sich. Die Kapelle gehörte einst zur Burg Vachenlueg, die im 15. Jahrhundert Bedeutung hatte, von der aber heute nur noch Mauerreste übrig sind. Zurück geht es wieder auf die Straße.

Wer eine Badepause einlegen möchte: Es eignen sich der Höglwörther See oder das Freibad in Siegsdorf.

KM 25,7

Wir folgen der Straße weiter nach Süden. Vorbei am Weiler Steinhögl und einem Wildgehege radeln wir mit schönster Aussicht, einmal links haltend, nach Hainham. Hinter dem Weiler geht es rechts, die Autostraße querend nach Anger hinein und dort rechts hinauf zum Dorfplatz.

4 **Anger** rühmt sich damit, den größten Dorfplatz Bayerns zu besitzen. Und das stimmt, denn wer auf dem großen Dorfanger steht, kann dessen Ausmaße erst so richtig erfassen. Etwas östlich von Anger ist übrigens das Hans-Peter Porsche Traumwerk ein sehr interessantes Museum, nicht nur für Autoliebhaber.

KM 27,5

Ab Anger sind wir nun wieder auf dem Salinen Radweg unterwegs, jetzt in entgegengesetzter Richtung, sodass wir auf dem Klosterweg nach Norden rasch an den Höglwörther See kommen.

5 **Der Höglwörther See** und sein gleichnamiges Kloster verdienen eine längere Pause – entweder stilgerecht beim Baden oder im Klosterbräu bei einem erfrischenden Wieninger Bier (die Kombination von beidem geht natürlich auch). Das Kloster Höglwörth war eines der ältesten im Rupertiwinkel. Man vermutet, dass es bereits im 9. oder 10. Jahrhundert, vor den Ungarneinfällen, gegründet wurde. Die ersten Urkunden berichten allerdings erst 1122 bzw. 1123 von dem Kloster. Es gehörte zu den zahlreichen Kleinklöstern, die es überall verstreut

Wallfahrtskirche Ettendorf und die Kreisstadt Traunstein

Bei Traunstein wird ein Teil der Traun in einen Kanal abgezweigt.

gab. Sie waren, wenn gut verwaltet, durchaus lebensfähig, standen aber in ihrer Bedeutung Großklöstern wie St. Peter in Salzburg oder Rott am Inn weit nach. Höglwörth war ein Augustinerchorherrenstift und wurde erst 1817 auf eigenen Antrag säkularisiert. Die Klostergebäude wurden von der Brauersfamilie Wieninger aus Teisendorf erworben und dienen heute als private Wohnung. Die Kirche lässt sich aber besichtigen.

KM 49

Hinter dem großen Parkplatz am See führt der Salinen-Radweg weiter. Wir kommen links über Feuchtwiesen durch Priel, rechts nach Zellberg und Ramsau und damit zurück nach Teisendorf. Hier wechseln wir nun nach links auf den Mozart-Radweg in die Freidlinger Straße. Nachdem wir die große B304 gequert haben, geht es aufwärts nach Freidling. Dahinter können wir dem Mozart-Radweg folgen, die Straße steigt aber weiter steil an. (Alternativ bleiben wir ein kurzes Stück geradeaus, queren die Oberteisendorfer Ache und biegen dann links ein, um durch Achthal mit seinem Bergbaumuseum zu radeln. Die Strecke ist ebenfalls ansteigend, wenn nicht ganz so steil, dafür allerdings mit Straßenverkehr.) Beide Wege vereinen sich am Ortsrand von Neukirchen an einer Tankstelle. Wir radeln an Neukirchen vorbei, unterqueren die Autobahn, und weiter geht es auf dem Mozart-Radweg parallel zu einer Autostraße. Schon fast in Siegsdorf, kurz bevor wir die Rote Traun erreichen, verlässt uns der Mozart-Radweg nach links. Wir hingegen biegen rechts ein und radeln im Zickzack über Vitzthum auf dem Soleleitungsweg unter der Schnellstraße hindurch über die Traun. Links führt ein Abstecher nach Siegsdorf, nach rechts radeln wir für die Rückfahrt.

Ab Siegsdorf sind die Rote und Weiße Traun vereint.

Unbedingt den frei zugänglichen Salinenpark in Traunstein mit Wasserrad und Solehebemaschine besichtigen.

TRAUMHAFT

BELIEBTER BAUSTOFF

Unsere Radtour führt an vielen Bauernhäusern vorbei, die aus hellem Material mit dunklen Einschlüssen erbaut wurden. Es sind Schlackensteine, die bei der Eisenverhüttung angefallen sind.

6 **Siegsdorf** ist ein malerischer kleiner Ort, berühmt für sein Naturkundemuseum, in dem man ein Mammut bewundern kann. Außerdem gibt es ein schönes Freibad, Eisdielen und die nahe gelegene berühmte Wallfahrtskirche Maria Eck. Das Gasthaus daneben hat ebenfalls Berühmtheit erlangt.

KM 55

Im Weiteren folgen wir nun der Traun stur nach Norden (Traunstein ist ausgeschildert). Das letzte Stück entlang des Flusses ist landschaftlich sehr schön. Wer den Bahnhof direkt ansteuern möchte, radelt ein Stück, nachdem wir den überdachten Brückensteg passiert haben, am Kiosk Traunbar nach links, quert die Gleise und folgt ihnen zum Bahnhof. Für die Besichtigung Traunsteins bleiben wir dem Fluss noch treu und biegen erst an der Salinenstraße links ab, um rechts zur Altstadt zu kommen.

7 **Traunstein** ist als Einkaufs-, Behörden- und Schulstadt das Zentrum des Chiemgaus. Sein Stadtplatz wird dominiert von der mächtigen Kirche St. Oswald, die bis auf die Barockzeit zurückgeht. Eine Büste an der Westseite der Kirche erinnert daran, dass Papst Benedikt XVI. hier 1951 seine Primiz gefeiert hat. Östlich der Kirche pulsiert das Leben. Gasthäuser und Cafés laden zum Verweilen ein, und mittwochs und samstags gibt es einen Wochenmarkt. Nach Süden führen Treppen und ein Aufzug zum Salinenviertel. Dort wurde einst Salz gesiedet. Das kam aus Bad Reichenhall, wo es beim Abbau durch Wasser zu Sole verflüssigt wurde. Später wurde es durch Erhitzen wieder in Salz verwandelte. Doch zum Salzsieden brauchte man viel Energie, vor allem Holz. Als der Rohstoff in Reichenhall knapp wurde, baute man eine hölzerne Pipeline, die die Sole nach Traunstein beförderte.

AUF EINEN BLICK

56 km

650 Hm

4,5 Std.

schwer

Ausgangs-/Endpunkt Übersee Bahnhof

Anfahrt Auto: A8 nach Übersee, Parkplätze am Bahnhof; Bahn/Bus: DB nach Übersee am Chiemsee

Wegbeschaffenheit Die lange, hügelige Radtour mit einigen längeren Anstiegen verläuft auf Nebenstraße, Radwegen und auf Dämmen.

19

RADLGLÜCK IM RUPERTIWINKEL

VON KIRCHANSCHÖRING ZUM WAGINGER SEE

Auf dieser Radrunde sind wir im Rupertiwinkel unterwegs. So wird der Landstrich östlich des Chiemgaus bis hin zur Grenze nach Österreich an der Salzach genannt. Dieser Begriff hat kulturell-historische Wurzeln. Bis ins Jahr 1803 gehörte das Gebiet zum Erzbistum Salzburg, bevor es dem damaligen Königreich Bayern zugesprochen wurde. Der Patron des Salzburger Bistums, der heilige Rupert, fungierte dabei als Namensgeber. Während der Radtour besuchen wir kleine Dörfer, radeln vorbei an zahlreichen Feldern und durch kleine Wälder zum Waginger See. Diesen umrunden wir nach Süden, besuchen dann das Dorf Waging samt seinem prächtigen Strandbad, bevor wir auf einem kleinen Steg die Seeöffnung zwischen dem Waginger und dem Tachinger See queren. Jetzt erkunden wir den Tachinger See und sein kleines Kirchlein St. Koloman am Nordufer, bevor wir über Fridolfing nach Kirchanschöring zurückkehren.

1

KM 4,8

WOLKERSDORF

Beeindruckender Aussichtspunkt

2

KM 17,5

WAGING AM SEE

Bajuwarenzentrum und Ferienort

3

KM 23,5

TETTENHAUSEN

Am Übergang zwischen den Seen

Von Tettenhausen genießen wir einen weiten Blick auf den Hochstaufen.

4

KM 29,7

ST. COLOMAN

Gotisches Schmuckstück und perfekter Rastplatz

5

KM 37

FRIDOLFING

Lebendiges Dorf mit größter Dorfkirche Bayerns

6

KM 43,5

KIRCHANSCHÖRING

Das Golddorf im Rupertiwinkel

Eine der schönsten Fotospots ist der schmale Übergang zwischen den Seen.

KM 4,8

Wir starten am Kirchanschöringer Bahnhof und radeln zur Hauptstraße. Dort biegen wir rechts, dem Panoramaschild folgend, auf den Radweg ein. Kurz nach dem Ortsende geht es rechts auf die ansteigende Straße. Im Auf und Ab fahren wir nach Westen mit etwas Abstand vorbei an einigen großen Bauernhöfen und schließlich erreichen wir mit bestem Panoramablick auf den Waginger See bei Wolkersdorf eine größere Autostraße. Dort verläuft ein Radweg, dem wir nach links folgen.

Aufwendiges Bundwerk an Bauernhöfen

1 Wolkersdorf sitzt in herrlicher Aussichtsmanier leicht erhöht über dem Waginger See. Gefühlt besteht die Hälfte der dortigen Häuser aus Ferienwohnungen. Kein Wunder, die Lage in nächster Nähe zum See ist wirklich einmalig. Bis zum Ortsrand von Petting dürfen wir nun wie auf einer Panoramastraße die Aussicht über den Waginger See und die Berge genießen.

TRAUMHAFT

AB ZUM STRAND

Unterhalb der Kirche St. Coloman kann man im Strandbad von Tengling noch einmal ins Wasser hüpfen oder ein Boot mieten. Dafür folgt man einfach der Straße links bergab.

Friedolfing im Frühjahr

KM 17,5

Vorbei an Lampoding und Kühnhausen erreichen wir, die Götzinger Ache querend, den Ortsrand von Petting. Nach den ersten paar Häusern lotst uns das Radwegsymbol nach rechts, jetzt geht es im Zickzack über Felder, bis wir wieder eine größere Straße erreichen. Dem parallel dazu verlaufenden Radweg folgen wir nach rechts bis nach Waging am See.

2 **Waging am See** wurde zu bajuwarischer Zeit gegründet und lag an der wichtigen Salzstraße von Reichenhall nach Wasserburg. Hier mussten die Fuhrleute übernachten, und das ließ den Ort aufblühen. Davon zeugen die überreiche Stuckausstattung der Pfarrkirche St. Martin sowie die prachtvollen Häuser in der Ortsmitte. Heute lebt die Stadt vornehmlich vom Tourismus.

KM 23,5

Von Waging radeln wir die Strandbadstraße nach Osten, queren dabei die Umgehungsstraße und erreichen das Erholungsgebiet am See. Für die Weiterfahrt geht es auf Höhe des Hotels Wellnessgarten nach links, zuvor lohnt sich geradeaus der Abstecher zum Strandbad mit seiner Promenade. Dann führt uns die Radwegbeschilderung über Fisching zum Strandbad Seeteufel, dahinter folgen wir, wieder auf einem Radweg, der Autostraße nach Norden. Kurz darauf geht es rechts nach Tettenhausen.

3 **Tettenhausen** besticht vor allem durch seine Lage am Übergang zwischen dem Tachinger- und dem Waginger See, wo es glücklicherweise auch gleich ein Strandbad gibt. Die türkisblau schimmernden Seen gehören zu den wärmsten in Oberbayern. Zusammen sind sie zwölf Kilometer lang und bis zu drei Kilometer breit.

Ruderbootverleih bei Tettenhausen

Im Weiler Gaden steht das älteste Gotteshaus am See. Es ist dem heiligen Rupert geweiht.

Die bezaubernde Kirche St. Coloman

KM 29,7

Zurück in der Tettenhauser Ortsmitte, folgen wir links in nördlicher Richtung der Beschilderung nach Bicheln. Wieder geht es bergauf, aber in Bicheln haben wir es endlich geschafft. Ganz oben wartet an der Weggabelung eine Bank – einer der traumhaftesten Rastplätze dieser Tour mit fantastischer Aussicht. Links geht es weiter in den Wald. Der Weg wird zum Forstweg und führt bergab. Kaum haben wir den Wald hinter uns gelassen, sehen wir schon das kleine Kirchlein St. Coloman, zu dem wir hinaufradeln.

4 **Die Kirche St. Coloman** ist natürlich ebenfalls ein herrlicher Aussichtspunkt. Auf der Südseite gibt es wieder ein paar Rastbänke, die uns unter ein paar Obstbäumen weit über den Rupertiwinkel und die beiden Seen auf die nahen Chiemgauer Berge blicken lassen. Eine Tafel erklärt den endlosen Gipfelreigen. So schön kann Schauen sein! Kunstinteressierte können auch noch einen Blick in die Kirche werfen. Leider ist die uralte, kunstvoll mit Eisen verzierte Türe in der Regel geschlossen. Aber durch eine Öffnung auf der Westseite können wir zumindest einen Eindruck vom Flügelaltar erhaschen.

Autofreie Wege und herrliche Aussichten beim Radfahren in Bicheln

mächtige Bauernhöfe säumen unsere Runde.

KM 37

Von der Kirche St. Coloman folgen wir der Straße nach rechts. Über Langwied und Gierling geht es anschließend bergab, unter der Bahn hindurch und dann immer geradeaus bis hinein nach Fridolfing, wobei uns die interessante, in einem Erdhügel vergrabene Kapelle hinter Klebham noch etwas ausbremst..

5 **Fridolfing** bietet sich ebenfalls für eine Pause an. Die Pfarrkirche Mariä Himmelfahrt gilt als größte Dorfkirche Deutschlands und wurde im neuromanischen Stil in den Jahren 1891 bis 1893 erbaut. Wunderschön sind die vielen bienenfreundlichen Blumenbeete in der Ortsmitte. Außerdem gibt es zwei gute Einkehrmöglichkeiten: Steinbergers Naschmarkt, der zu einer Bäckerei gehört und eigentlich für sein üppiges Frühstück berühmt ist; und der frisch renovierte Gasthof Unterwirt, der allerdings leider außer sonntags immer erst um 17.30 Uhr öffnet – und montags und dienstags Ruhetag hat. Dennoch: Für ein kleines Dorf ist hier ganz schön viel los. Das ganze Jahr über gibt es Feste und Veranstaltungen: Im Sommer finden ein Dorffest und ein Kinderfest sowie ein Holz- und Töpfermarkt statt, im Frühling gibt es zudem das beliebte Open Air »Raus mit Euch«, das Besucher von nah und fern anlockt. Im Herbst wird dann ein großer Bauernmarkt abgehalten. Dazu gibt es rund um Fridolfing einige sehr gute Hofläden wie das Hofcafé Kuhle Muh, Attl's Bio Ziegenhof oder die Aichermühle Eizing. Ihr Besuch lohnt sich, denn bei ihnen kann man sich wunderbar mit regionalen Produkten für Zuhause eindecken.

Sonnenaufgang am Tachinger See

Der Rundweg ist fast durchgängig mit einem kleinen quadratischen Berg-panorama-Symbol beschildert.

TRAUMHAFT

ECHTER GEHEIMTIPP!

Mit dem Fridolfinger See gibt es eine weitere wunderbare Bademöglichkeit. Das (kostenlose) Strandbad am Baggersee lockt mit großer Liegewiese und vielen Freizeitangeboten!

KM 28,5

Für die Rückfahrt folgen wir in Fridolfing wieder den Panoramaschildern, die uns am südlichen Ende des Platzes zunächst nach links auf die Hadrianstraße schicken und dann gleich rechts in die St.-Johann-Straße. Diese führt an der Kirche St. Johann vorbei und nun schnurgerade nach Süden. Vorbei an einer mächtigen, 250 bis 300 Jahre alten Linde mit einem Umfang von 5,7 Metern, neben der die »Staller-Kapelle« steht, geht es nun fast eben über die Felder. Wir durchqueren den Weiler Hipflham und sind bald darauf wieder in Kirchanschöring.

6 **Kirchanschöring** darf sich als »Golddorf« bezeichnen, denn es gewann vor Jahren schon Gold beim Bundeswettbewerb »Unser Dorf soll schöner werden – Unser Dorf hat Zukunft«. Zu den schönsten Häusern führt ein Rundweg. Außerdem punktet Kirchanschöring mit einer Wirtschaft: dem Saliterwirt am Kirchplatz, der wirklich hervorragende Wiener Schnitzel serviert. Eine weitere Sehenswürdigkeit liegt etwas außerhalb im Ortsteil Hof. Hier findet man das Privatmuseum von Franz Huber, der ein Leben lang landwirtschaftliche Geräte aller Art gesammelt hat. So ist ein technisches Museum entstanden, das in einer eigens dafür errichteten Scheune Platz gefunden hat. Mehr als 50 alte Traktoren und andere Großgeräte wie Dreschmaschinen, Dampflokomobile, Heuwender, Pflüge, Eggen sind zu sehen (geöffnet Juni bis August mittwochs und samstags von 13 bis 17 Uhr).

AUF EINEN BLICK

28 km
180 Hm
2,5 Std.
leicht

Ausgangs-/Endpunkt Kirchanschöring Bahnhof

Anfahrt Auto: B20 nach Kirchanschöring, Parkplätze am Bahnhof; Bahn/Bus: DB nach Kirchanschöring

Wegbeschaffenheit Die Rundtour verläuft auf Radwegen und wenig befahrenen Nebenstraßen, sehr sonnig, nur wenige Steigungen.

20

AUF DEN SPUREN EINES MUSIKGENIES

VON BERCHTESGADEN NACH SALZBURG

Das Berchtesgadener Land mit seinem Nationalpark im südöstlichsten Winkel Bayerns ist eine echte Urlandschaft: majestätisch, gewaltig und schroff. Die Seen gleichen Fjorden, und wilde, felsige Gipfel umrahmen das Szenario. Darunter der berühmte Watzmann, das zentrale Motiv überall in der Landschaft. Sie ist ein einziger Traum, voller Kraft und Lebendigkeit. Aber hier eine Radtour ohne Mountainbike zu unternehmen, ist gar nicht so einfach zu planen, denn egal, wohin man radelt, es liegen immer Berge oder Pässe im Weg. Dennoch: Es gibt eine Radtour, die kann man sogar als Familie radeln. Aus dem Ort Berchtesgaden gelangt man dabei völlig relaxed auf zwei Rädern nach Österreich und in die Mozartstadt Salzburg. Und das Beste: Auf dieser Tour kann man Kunstgenuss und Landschaftshöhepunkte perfekt kombinieren. Und dabei das Deutschlandticket nutzen, denn es gilt bis Salzburg.

1

KM 1

BERCHTESGADEN

Der Ort des Salzes mitten in den Bergen

2

KM 2,2

SALZBERGWERK

Wissenswertes, Magisches und ganz viel Spaß

3

KM 6,3

ALMBACHKLAMM

Zur letzten Kugelmühle in Oberbayern

4

KM 10

MARKT-SCHELLENBERG

Kleiner Grenzort mit Geschichte

Das Watzmann-massiv besteht aus mehreren Gipfeln.

5

KM 13,6

SANKT LEONHARD

Angekommen im Salzburger Land

6

KM 19,5

ANIF

Hübscher Ort mit berühmtem Wasserschloss

7

KM 21,5

SCHLOSS HELLBRUNN

Wasserspiele im Schlosspark

8

KM 27

SALZBURG

Die Mozart-Stadt, die mehr zu bieten hat

Schloss Hellbrunn liegt in einem großen Park.

KM 1

Wir starten am Bahnhof in Berchtesgaden. Wer die Altstadt besichtigen möchte, fährt vom Bahnhof links auf der Bahnhofsstraße bergauf in die Altstadt. Und wer gleich direkt nach Salzburg durchstarten möchte, radelt zum Kreisverkehr, quert auf ihm die Ramsauer und die Königssee Ache (die sich hier vereinen), Schloß Hellbrunn liegt in einem großen Park.

1 **Berchtesgaden** ist heute eigentlich »nur« noch eine Marktgemeinde, obwohl es einst sogar ein reichsunmittelbares geistliches Fürstentum war. Der Ort entstand aus einem Kloster, das im Jahr 1102 gegründet wurde. Berchtesgaden hatte immer schon reiche Einkünfte aus der Salzgewinnung. In den umliegenden Bergen gab und gibt es Salzvorkommen, die bereits in der Keltenzeit genutzt wurden. Sehenswert in der Altstadt sind das ehemalige Kloster, das ähnlich wie am Tegernsee den Wittelsbachern als Sommerschloss diente, das humorvoll bemalte Affenhaus, der Marktplatz, der Kreuzgang und das Bräustüberl.

TRAUMHAFT

SO WAS VON VERDIENT!

Wer auf Mozarts Spuren radelt, muss sich auch eine echte Mozartkugel genehmigen. Als ihr Erfinder gilt die Confiserie Fürst im Durchgang vom Universitätsplatz zum Alten Markt in Salzburg.

KM 2,2

Wir bleiben nun auf dem Radweg entlang des Flusses, passieren die Watzmann Therme und erreichen das Salzbergwerk Berchtesgaden.

2 **Der Besuch im Salzbergwerk** ist definitiv ein Highlight, für das man aber unbedingt die Tickets im Voraus buchen sollte. Ausgestattet mit Bergarbeiter-Schutzkleidung geht es mit der Stollenbahn weit in den Berg hinein und abwärts über zwei steile Rutschen zur Salzkathedrale. Begleitet von einer Lichtershow, überquert man einen Spiegelsee und erfährt jede Menge Wissenswertes über die Salzgewinnung. Die Besichtigung dauert etwa zwei Stunden. Übrigens ist bis heute der Abbau des Salzes für Berchtesgaden von großer wirtschaftlicher Bedeutung.

Berchtesgadener Wasserspiele

Bäckerei in Berchtesgaden

KM 6,3

Weiter geht es nach Norden entlang der Berchtesgadener Ache, jetzt immer der Beschilderung »Mozart-Radweg« folgend. Einmal wechseln wir das Ufer und erreichen den Eingang zur Almbachklamm

3 **Die Almbachklamm** ist für Radfahrer leider ungeeignet, sie ist nur zu Fuß begehbar. Trotzdem lohnt sich ein kurzer Stopp am Gasthaus Almbachklamm. Dort ist nämlich eine der letzten Kugelmühlen in Betrieb. Früher gab es viele dieser kleinen Mühlen im Berchtesgadener Land. Die Bauern verdienten sich mit diesem Handwerk ein Zubrot zu ihrer Landwirtschaft. In einer Kugelmühle werden gesammelte Steine, die möglichst bunt sein sollten, durch Wasserkraft und Zugabe von Schleifsand zu runden, steinernen Murmeln geschliffen, die dann als Kinderspielzeug verkauft wurden.

In Salzburg fährt ein Aufzug gegen kl. Entgeld zum Museum der Moderne und zur schönsten Aussicht der Stadt.

Schloss Freisaal mit dem Gaisberg

4 In Marktschellenberg war bis 1805 ebenfalls eine Saline in Betrieb. Fünf Jahre später wurde der Markt an das Königreich Bayern angegliedert. Interessant ist die Kirche St. Nikolaus, die dem Schutzpatron der Salzschiffer geweiht ist. Auf der Weiterfahrt passieren wir noch den Schellenberger Turm, der die Grenze mit dem ehemaligen Zollhaus sicherte.

KM 10

Am linken Flussufer setzen wir unsere Radtour fort und wechseln bei Marktschellenberg kurz die Seite, um auch durch den Ort zu radeln.

KM 13,6

In Marktschellenberg queren wir erneut die Ache, folgen ihr und müssen dann ein Stück auf der Bundesstraße radeln. Direkt an der Grenze zum Salzburger Land beginnt dann wieder ein Radweg auf der linken Straßenseite, und wir erreichen sicher Sankt Leonhard.

Die Salzburger Pferdeschwemme vor dem Festspielhaus

Vom Museum der Moderne blickt man über die Altstadt bis zur Festung Hohensalzburg.

5 **Sankt Leonhard** ist ein Ortsteil von Grödig und vor allem für seine gleichnamige Wallfahrtskirche bekannt. Im Ort gibt es die Untersbergbahn, die den einfachsten Zugang hinauf in die felsige Bergwelt des Untersbergs gewährleistet. Übrigens hat kurz vor St. Leonhard die Berchtesgadener Ache ihren Namen gewechselt und nennt sich nun Königssee Ache. Sie führt hier mit einer Flussschleife nach rechts, Richtung Osten, und mündet kurz darauf in die Salzach. Wer plant, die Strecke mit dem Fahrrad wieder zurückzuradeln, wird später entlang ihres Ufers zurückkommen.

KM 19,5

An der Ampel in Sankt Leonhard biegen wir links in die Gartenauerstraße ein und folgen bald rechts auf einem kleinen Radweg durch Grödig stur dem Almkanal. Nach dem Gasthof Racklwirt geht es unter der Autobahn durch. Dahinter biegt der Mozart-Radweg nach links und führt im Zickzack über die Felder nach Anif

6 **Anif** ist ein hübsches Dorf, das schon im Einzugsgebiet von Salzburg liegt. Das Wasserschloss Anif ist das bekannteste Gebäude; es befindet sich in Privatbesitz und kann nicht besichtigt werden. Aber ganz Anif wirkt sehr feudal, und es gibt viele stattliche Villen und Bauernhöfe zu bestaunen. Hier lebte übrigens der bekannte Dirigent Herbert von Karajan, der am Friedhof auch seine letzte Ruhestätte gefunden hat.

Café Tomaselli, Österreichs ältestes Kaffeehaus

Der Bahnhof von Salzburg liegt am anderen Salzachufer nördlich der Altstadt. Er ist gut ausgeschildert.

TRAUMHAFT

ZURÜCK AUF DEM RAD

Wer auch zurückradeln möchte, folgt ab Salzburg der Salzach bis zur Einmündung der Königssee Ache. Diese queren, rechts am Ufer zur Untersbergbahn fahren und auf gleichem Weg zurück.

KM 21,5

In Anif geht es an der großen Hauptstraße auf Höhe des Friesacher Hofes weiter. Hier biegen wir in die Mühleisstraße ein, der bewährte »Kopf von Mozart« gibt weiter den Weg vor. Fast am Ende der Straße halten wir uns links leicht bergauf und radeln auf einem von Föhren gesäumten Weg auf die Schlossmauer von Hellbrunn zu. Geradeaus geht es, nur durch Zäune abgetrennt vom Tierpark, durch den Schlosspark und bald in einer Linkskurve zum eigentlichen Schloss.

7 Im Schloss Hellbrunn heißt es »Wasser marsch!«. Dort kann man sich einer Wasserführung im Schlosspark anschließen. Ein Riesenspaß, den wir seit 1613 dem Fürstbischof Markus Sittikus von Hohenems zu verdanken haben. Der lustige und gesellige Patriarch liebte es, seine Gäste auf den Arm zu nehmen.

KM 27

Am großen Parkplatz queren wir den Füstenweg in die Hellbrunner Allee. Schnurgerade geht es jetzt auf Salzburg zu, vorbei an den Schlössern Emsburg, Frohnburg, Kaiserburg und Freisaal. Über die Akademiestraße, rechts die Erzabt-Klotz-Straße und das Universitätsgelände gelangen wir zur Karolinenbrücke. Nach links der Salzach folgen, um die Altstadt zu erreichen.

8 Salzburg Zum Glück müssen wir keinen Parkplatz suchen. Aber es lohnt sich, die Räder abzustellen, denn zu Fuß ist es deutlich leichter, Salzburg zu erobern. Besichtigt werden sollten: die Getreidegasse, Dom und Residenzplatz, der historische Petersfriedhof, die historischen Kaffeehäuser Glockenspiel und Tomaselli und der Mirabellgarten. Nicht zu vergessen Mozarts Geburtshaus, der 1756 hier in Salzburg zur Welt gekommen ist.

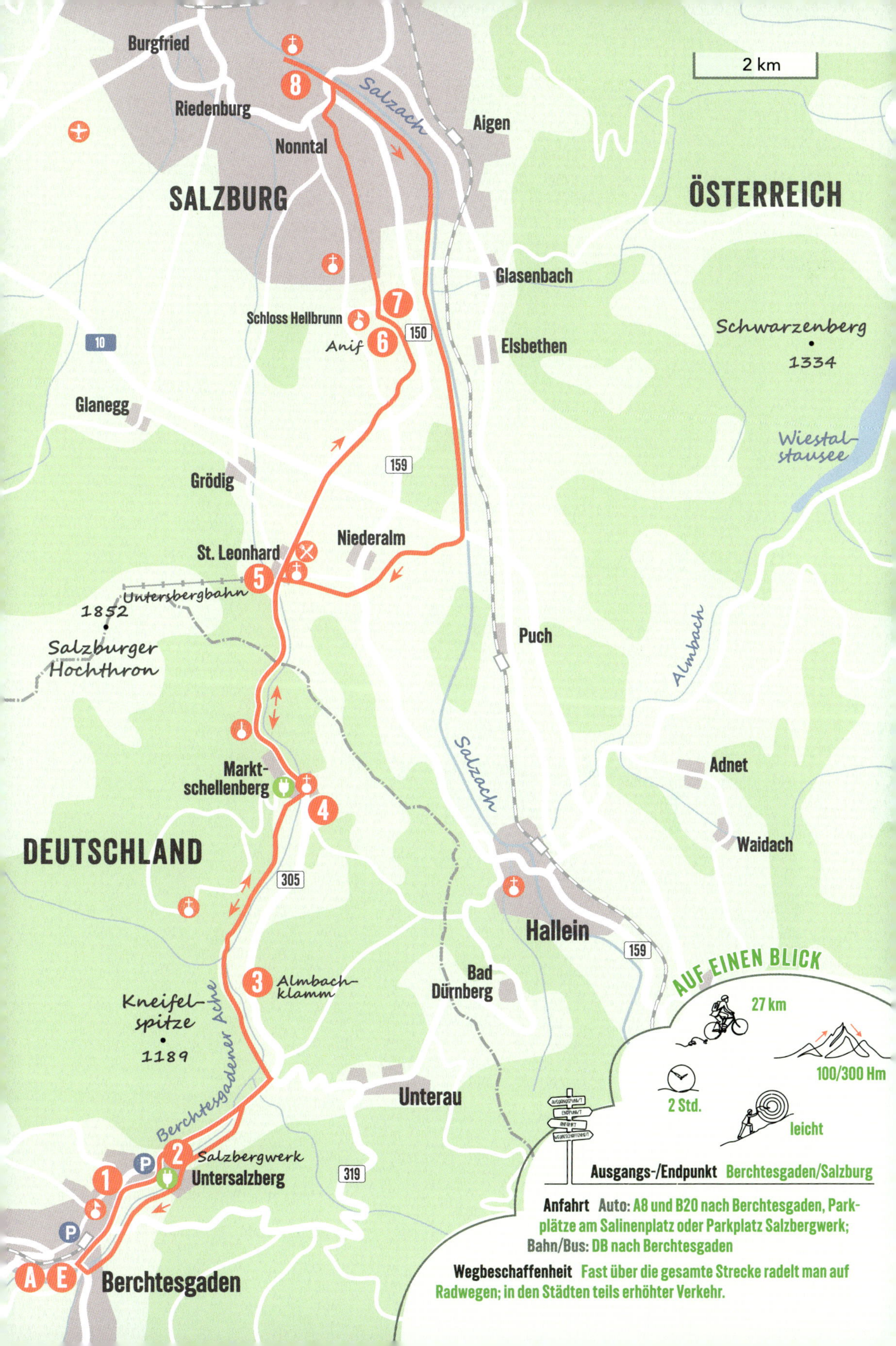

AUF EINEN BLICK

27 km

100/300 Hm

2 Std.

leicht

Ausgangs-/Endpunkt Berchtesgaden/Salzburg

Anfahrt Auto: A8 und B20 nach Berchtesgaden, Parkplätze am Salinenplatz oder Parkplatz Salzbergwerk; Bahn/Bus: DB nach Berchtesgaden

Wegbeschaffenheit Fast über die gesamte Strecke radelt man auf Radwegen; in den Städten teils erhöhter Verkehr.

Frühlingserwachen im Schlosspark Hellbrunn bei Salzburg (Tour 20)

NACHHALTIGKEITSKODEX

Die Welt birgt viele Wunder, Abenteuer und spektakuläre Aussichten, die wir gerne erkunden möchten. Doch sie ist auch leicht aus dem Gleichgewicht zu bringen. Hier ein paar Tipps, wie wir unsere Welt nachhaltig entdecken können:

• Die Hauptsaison meiden: Wenn wir nicht auf die Ferienzeiten angewiesen sind, können wir der Umwelt einen großen Gefallen tun, indem wir in der Nebensaison verreisen. Damit tragen wir zu einer gleichmäßigeren Auslastung der Umwelt und der Infrastruktur bei, und der Urlaub wird zudem auch noch wesentlich entspannter.
• Auf umweltschonende Verkehrsmittel setzen: Wo möglich, reisen wir mit öffentlichen Verkehrsmitteln an. Das reduziert nicht nur die Luftverschmutzung, sondern schont auch unsere Nerven. Falls das mal nicht geht, helfen verschiedenste Plattformen dabei, den CO_2-Austoß auszugleichen, vor allem, wenn das gewünschte Reiseziel nur mit dem Flugzeug zu erreichen ist.
• Nur dort parken und campen, wo es erlaubt ist: Selbst wenn wir uns noch so vorbildlich verhalten und unseren Aufenthaltsort so zurücklassen, wie wir ihn vorgefunden haben, stören wir den Lebensraum von Wildtieren und hinterlassen Spuren und Gerüche. Auch Lagerfeuer entzünden wir ausschließlich an den dafür vorgesehenen Stellen und achten dabei auf Waldbrandstufen und Naturschutzgebiete.
• Ressourcen gewissenhaft nutzen: Manche Umweltressourcen sind bereits knapp, endlich sind auf jeden Fall alle. Um sie zu schonen, sollten wir sparsam mit ihnen umgehen, gerade in Gegenden, in denen zum Beispiel Wasser oder Strom nicht im Überfluss vorhanden sind.
• Ein guter Gast sein: Nachhaltig unsere Umgebung zu erkunden bedeutet auch, der hiesigen Flora und Fauna mit Respekt zu begegnen. Pflanzen sollten auf keinen Fall gepflückt werden, aber sie stehen bestimmt gerne Modell für das eine oder andere Foto. Das Gleiche gilt für wilde Tiere: Wir füttern sie nicht, halten Abstand und beobachten sie aus der Ferne.
• Auf den Wegen bleiben: Wer die vorgegebenen Wege verlässt, dringt nicht nur in die Rückzugsräume heimischer Arten ein, sondern trägt auch dazu bei, dass sich neue Wege bilden, was zur Erosion des Bodens führt.
• Abfall wieder mitnehmen: Plastikverpackungen, Dosen, Flaschen und Papiertaschentücher (es dauert Jahre, bis sie vollständig abgebaut sind!) gehören nicht in die Natur, sondern entsorgt. Am besten gleich eine wiederverwendbare Brotdose oder Trinkflasche mitnehmen.
• Lokal kaufen: Dadurch lernen wir Land und Leute besser kennen und unterstützen die regionale Wirtschaft. Außerdem sind regionale Produkte meist günstiger und hochwertiger.
• Respektvoller Umgang: Ein respektvolles Miteinander sollte stets unser Motto sein. Es tut nicht weh, einander zu grüßen und sich entgegenkommend zu verhalten. So haben Wanderer auf schmalen Wegen stets Vorrang. Bei Gegenverkehr gilt in steilem Gelände immer: Wer abfährt, hält an. So lassen sich die Wunder der Natur gemeinsam genießen.

Alte Brücke über die Mangfall bei Feldkirchen-Westerham

Wegweiser an der Kapelle in Hirschau bei Grabenstätt

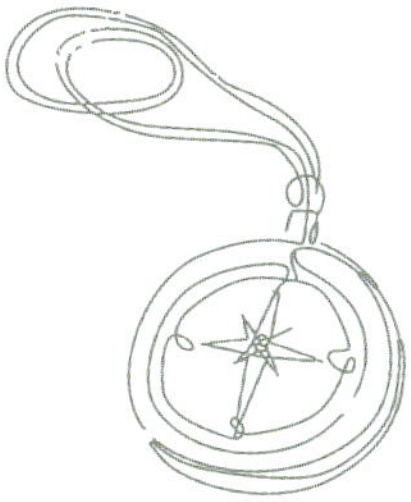

GPS-TRACKS

Was sind GPS-Tracks?

GPS-Tracks sind in vielerlei Hinsicht eine ideale Ergänzung für Deine Wanderung oder Radtour und vereinfachen die Navigation im Gelände. Es handelt sich um GPS-Koordinaten, die innerhalb einer Datei als Wegstrecke gespeichert sind und in eine beliebige App auf dem Smartphone (z. B. Komoot, Kompass-App, Outdooractive) importiert werden können. Anschließend kannst Du mithilfe Deines persönlichen GPS-Standorts den Wegverlauf über eine Karte verfolgen – und gelangst ohne Probleme an Dein Ziel.

Wie funktioniert der Download?

Am einfachsten gelangst Du mithilfe der ISBN dieses Buches zum Datendownload. Die Nummer findest Du in der Regel rechts unten auf der Rückseite des Buches, beginnend mit 9783.

Öffne nun den Verlagshaus24-Shop (verlagshaus24.de) und suche im Suchfeld nach der ISBN. **Wichtig: Eingabe der ISBN ohne Bindestriche!**

Bei Deinem Tourenführer angelangt, befindet sich unter dem Buchcover der Reiter »Downloads«, bei dem Du den GPS-Datendownload auswählen kannst.

Danach musst Du noch ein Passwort eingeben, welches Du dem Buch entnehmen kannst (Hinweis dazu auf der Website).

Wenn Du das richtige Passwort eingegeben hast, startet in vielen Fällen der Download automatisch. Der Download kann jedoch auch mit einem Klick auf »Download manuell starten« eingeleitet werden.

Als Datei erhältst Du nun einen Zip-Ordner, welcher die einzelnen Touren enthält. Bevor Du diese verwendest, musst Du den Ordner noch entpacken. Das machst Du am besten direkt auf dem Gerät, auf dem Du sie nutzen willst. Anschließend kannst Du die einzelnen GPS-Tracks in eine beliebige Outdoor-App importieren. Deiner Wanderung steht nun nichts mehr im Wege!

Aber Achtung: Folge nie einfach nur blind den Daten, das kann gefährlich werden. Beurteile trotzdem immer das Gelände vor Ort auch selbst und nimm Rücksicht auf die Umweltbedingungen. Und: Versichere Dich, dass Du den Weg auch findest, wenn der Akku leer sein sollte.

Solltest Du die GPS-Tracks zu Deinem Tourenführer nicht finden oder sollte der Download nicht funktionieren, wende Dich an:
gps-download@verlagshaus.de

Exklusiv für Sie als Leser:

MIT GPS-DATEN ZUM DOWNLOAD

unter: gps.bruckmann.de

REGISTER

IMPRESSUM

Verantwortlich: Kerstin Thiele
Lektorat: Helga Peterz
Layout und Satz: Silke Schüler
Cover- und Umschlaggestaltung:
Matthias Frisch
Repro: LUDWIG:media
Kartografie: Eva Schmalfuß
Herstellung: Alexander Knoll
Printed in Poland by CGS Printing

Unser komplettes Programm finden Sie unter

www.bruckmann.de

Alle Angaben dieses Tourenführers wurden von den Autoren sorgfältig recherchiert sowie vom Verlag geprüft. Für die Richtigkeit der Angaben kann jedoch keine Haftung übernommen werden, weshalb die Nutzung auf eigene Gefahr erfolgt. Insbesondere bei GPS-Daten können Abweichungen nicht ausgeschlossen werden. Bei Links auf Webseiten Dritter machen wir uns die Inhalte derselben nicht zu eigen und übernehmen für diese keine Haftung.

Aus Gründen der besseren Lesbarkeit verwenden wir in diesem Buch das generische Maskulinum. Weibliche und anderweitige Geschlechter-Identitäten werden dabei ausdrücklich mitgemeint, soweit es für die Aussage erforderlich ist.

Die Deutsche Nationalbibliothek verzeichnet diese Publikation in der Deutschen Nationalbibliografie; detaillierte bibliografische Daten sind im Internet über http://dnb.d-nb.de abrufbar.

★★★★★

Sind Sie mit diesem Titel zufrieden? Dann würden wir uns über Ihre Weiterempfehlung freuen. Erzählen Sie es im Freundeskreis, berichten Sie Ihrem Buchhändler, oder bewerten Sie bei Onlinekauf. Und wenn Sie Kritik, Korrekturen, Aktualisierungen haben, freuen wir uns über Ihre Nachricht an Bruckmann Verlag, Postfach 40 02 09, D-80702 München oder per E-Mail an lektorat@verlagshaus.de.

Bildnachweis: Alle Bilder zu den Touren im Innenteil und auf dem Umschlag stammen von Lisa und Wilfried Bahnmüller mit Ausnahme von S. 57 (Kastenalm), S. 58 (Porta Claudia): Martin Siepmann. **Illustrationen, Shutterstock:** S. 14/15: TALVA; S. 16: LuTer999; S. 19: GM Vector; S. 21 (Werkzeug): Burunduk's; S. 21 (Fahrrad): Erdinc Altun; S. 21 (Rad): Lakuku Vector; S. 187: Lakuku Vector; S. 189 (Handy): Bettermind Graphic; S. 189 (Kompass): Simple Line; **passim:** Bereg55, Eva_art, Kaspars Grinvalds, Olga Rai, Simple Line, Volonoff, zagoryan.
Rezept S. 18/19 (Text und Bild): Pauline Joos

Umschlagvorderseite: Berchtesgadener Land; Adobe Stock, JFL Photography
Umschlagrückseite: Radfahrer am Illasbergsee bei Roßhaupten

ISBN 978-3-7343-1862-7